1127

Direito Constitucional

ANÁLISE DAS QUESTÕES DOS CONCURSOS DE INGRESSO À CARREIRA DO MINISTÉRIO PÚBLICO

M386d   Martins, Elony Terezinha Cerezser
              Direito Constitucional: análise das questões dos concursos de
ingresso à carreira do Ministério Público / Elony Terezinha Cerezer Martins. – Porto Alegre: Livraria do Advogado Ed., 2005.

          148 p.; 16 x 23 cm.

          ISBN 85-7348-350-4

          1. Ministério Público – Rio Grande do Sul – concurso.
2. Direito Constitucional. I. Título.

                     CDU - 347.963(816.5)

          Índice para o catálogo sistemático:

          Ministério Público – Rio Grande do Sul – Concurso
Direito Constitucional

(Bibliotecária responsável: Marta Roberto, CRB-10/652)

Elony Terezinha Cerezer Martins

Direito Constitucional
ANÁLISE DAS QUESTÕES DOS CONCURSOS DE INGRESSO À CARREIRA DO MINISTÉRIO PÚBLICO

Porto Alegre, 2005

© Elony Terezinha Cerezer Martins, 2005

Capa, projeto gráfico e diagramação
Livraria do Advogado Editora

Revisão
Rosane Marques Borba

Direitos desta edição reservados por
Livraria do Advogado Editora Ltda.
Rua Riachuelo, 1338
90010-273 Porto Alegre RS
Fone/fax: 0800-51-7522
editora@livrariadoadvogado.com.br
www.doadvogado.com.br

Impresso no Brasil / Printed in Brazil

Minha gratidão àqueles que nunca me negaram apoio e incentivo, que assim os identifico:

– meu pai, uma saudade;
– minha mãe, um exemplo;
– meu filho, a minha grande realização.

Prefácio

Quando recebi, com invulgar alegria e honra, a incumbência de prefaciar esta obra, pensei que bastaria reproduzir aqui as referências elogiosas de inúmeros alunos e ex-alunos da Professora Elony Cerezer Martins sobre sua excelência no conhecimento do Direito Constitucional e sua atuação eficiente e didática nas salas de aula, onde, com a naturalidade dos mestres bem vocacionados, os encanta com sua capacidade de tornar simples as coisas complexas dessa disciplina, esclarecendo e questionando nossa Carta Constitucional com a segurança dos que conhecem a história dos povos e de nosso país principalmente, bem como as transformações da sociedade brasileira ditadas, não raro, por inesperadas mudanças sociais, econômicas e políticas.

Há mais, no entanto, a ser dito, para que o leitor sinta a importância deste livro.

Há muito que, em nosso país, vem crescendo o contingente de profissionais do Direito que buscam os concursos para as carreiras jurídicas. Esse fenômeno deve-se ao grande número de faculdades de Direito no Brasil, que vem determinando, apesar do rigoroso filtro do Exame de Ordem, um exorbitante número de advogados que o mercado não absorve. Os bacharéis reprovados no referido exame e os advogados excedentes, então, vêem, nos concursos públicos, uma forma de encontrar sua realização profissional ou sua sobrevivência profissional.

Não vejo com bons olhos isso, porque sou da opinião de que os homens devem escolher uma profissão, auscultando sua vocação. Só assim trabalharão de boa vontade, com alegria, proficuamente, portanto, e serão felizes, sendo realmente úteis para a sociedade. Não há dinheiro que pague horas de lazer, sacrificados num trabalho feito sem prazer, imposto como condição de vida. É uma autêntica escravidão consentida.

Por isso, os concursos tornaram-se motivo de angústia para muitos bacharéis em Direito – e para os examinadores também –, porque se defrontam com milhares de concorrentes e um pequeno número de vagas a serem preenchidas. O resultado disso são provas com questões de extrema complexidade (em que o pormenor vem sendo o essencial) que desafiam a capacidade de muitos profissionais conceituados e, às vezes, de muitos componentes de bancas examinadoras.

A autora desta obra, vivenciando, no dia-a-dia, a árdua luta de seus alunos para enfrentar essa realidade, sendo solidária com esses desafios, dá-lhes mais do que a eficiência de suas aulas, uma outra contribuição, com o mesmo brilhantismo e humildade acadêmica: a análise de questões objetivas de Direito Constitucional, propostas nos onze últimos concursos para ingresso na Carreira do Ministério Público do Estado do Rio Grande do Sul, com o que homenageia essa grandiosa instituição, colaborando para o aperfeiçoamento cultural de seus futuros membros.

O trabalho foi desenvolvido de maneira singular, diversa da maioria dos similares, muito mais construtiva, porquanto não se restringe a justificar, com base na melhor doutrina e jurisprudência, a alternativa correta, mas, com a mesma preocupação de bem fundamentar, esclarece o motivo da incorreção das demais. Os leitores terão, com esta obra, uma visão mais objetiva dos temas do Direito Constitucional, que, comumente, são eleitos pelos examinadores como preferenciais em suas indagações.

O mais importante ainda é que o estudo desenvolvido neste livro é feito por uma professora que domina essa ciência na teoria e na prática. A Professora Elony Cerezer Martins é pós-graduada em Direito Constitucional pela Pontifícia Universidade Católica de São Paulo, lecionou essa disciplina na Universidade Federal de Santa Maria, onde chefiou o Departamento de Direito Público e coordenou o Curso de Direito, na Escola Superior do Ministério Público do Rio Grande do Sul, na Escola da Procuradoria do Município de Porto Alegre, na Escola do Instituto de Advogados do Rio Grande do Sul e no Instituto de Desenvolvimento Cultural de Porto Alegre, sendo, atualmente, professora exclusiva do Centro de Estudos Jurídicos Ltda, curso que, com grande proficiência e expressivos resultados, prepara profissionais para os concursos de ingresso no Ministério Público, Magistratura, Defensoria Pública e aqueles que pretendem ingressar na carreira de Delegado de Polícia. Além disso, a autora acompanhou os trabalhos da Assembléia Nacional Constituinte em Brasília e assessorou a Assembléia Legislativa do Rio Grande do Sul, quando da elaboração da Constituição Estadual, o que demonstra o reconhecimento de sua amadurecida cultura jurídica.

Por ser um trabalho sério, de conteúdo científico e exposto de forma didaticamente aprimorada, não tenho dúvida de que será bem recebido pelos profissionais do Direito e, sobretudo, pelos acadêmicos e concursandos, que nele encontrarão importantes subsídios para a concretização de seus ideais.

Mas será, também, uma razão a mais para a comunidade jurídica esperar por um tratado de Direito Constitucional da mesma autora, que, por certo, consagrará as letras jurídicas gaúchas.

Porto Aleg de janeiro de 2005.

Marcelo Roberto Ribeiro

Promotor de Justiça do Rio Grande do Sul e
Professor de Direito Penal e de Direito Processual
Penal no Centro de Estudos Jurídicos Ltda.

Sumário

Concurso de Ingresso à Carreira do Ministério Público do Rio Grande do Sul

XXXIV Concurso 13
XXXV Concurso 21
XXXVI Concurso 27
XXXVII Concurso 33
XXXVIII Concurso 40
XXXIX Concurso 48
XL Concurso 59
XLI Concurso 70
XLII Concurso 81
XLIII Concurso 98
XLIV Concurso 111

Análise-estudo das questões dissertativas propostas nos últimos três Concursos (XLII, XLIII e XLIV) 129

Bibliografia 147

XXXIV Concurso de Ingresso à Carreira do Ministério Público do Rio Grande do Sul

Questão 11 – Assinale a alternativa correta:

Os direitos individuais expressos na Constituição:

a) Alguns dentre eles dependem de regulamentação legal para gozarem de aplicabilidade.

b) Todos dependem de regulamentação legal para gozarem de aplicabilidade.

c) São absolutos, no sentido de só admitirem limitações no caso de exercício simultâneo de direito igual de outrem.

d) São os únicos direitos admitidos pela Constituição como capazes de opor limites à ação do Estado em relação às pessoas.

e) Podem ter seu exercício restringido ou condicionado pela lei, quando a Constituição o permitir.

Gabarito oficial: "e"

A alternativa diz da possibilidade de termos, dentre os direitos individuais expressos na CF, alguns com exercício restringido ou condicionado pela lei.

Temos aqui normas constitucionais classificadas, segundo a Teoria da Aplicabilidade das Normas Constitucionais (José Afonso da Silva), como de eficácia contida. Aquelas que, por expressa previsão constitucional, poderão ser restringidas por lei ou pela própria Constituição. Exemplos: Inciso XIII do art. 5º (a liberdade de trabalho, ofício ou profissão pode ser condicionada à comprovação de qualificação profissional definida em lei. É oportuno lembrar que tal restrição deve ser considerada do ponto de vista material, nunca formal); Inciso VIII do art. 5º (a liberdade de religião, de convicção filosófica ou política não pode comprometer direitos, a não ser quando invocados para o não-cumprimento de obrigação legal a todos imposta ou ao não-cumprimento de prestação alternativa).

Análise das outras alternativas

a) É importante quanto à alternativa em análise prestar atenção ao enunciado da questão: "os direitos individuais expressos ...". Trata a ques-

Direito Constitucional
Análise das questões dos Concursos de Ingresso à Carreira do Ministério Público

13

tão de *direitos*, não de *garantias*. Em relação a estas, Celso Ribeiro Bastos afirma que não têm seus contornos definitivamente traçados, mas apenas esboçados e demandam uma necessária regulamentação como, por exemplo, o mandado de segurança, o *habeas corpus*, o *habeas data*.

Registre-se que, na melhor doutrina: "as clássicas garantias são também direitos, embora muitas vezes se salientasse nelas o caráter instrumental de proteção dos direitos". (Canotilho).

b) Incorreta, uma vez que tais direitos são caracterizados por terem aplicabilidade imediata.

c) Incorreta. Nenhum direito, nenhuma garantia será exercida em termos absolutos. É inegável que tais direitos possuem limites não podendo ser alegados como, na expressão do STF, "de salvaguarda de práticas ilícitas."

d) Incorreta. Não apenas os direitos individuais são postos para limitar a atuação do Estado em relação às pessoas, mas todos os direitos compreendidos na expressão "direitos e garantias fundamentais".

Não há dúvida, no entanto, que os direitos individuais (liberdades públicas) têm a característica de serem exercitados contra o Estado, mas não são os únicos a limitarem a atuação do Estado.

Questão 12 – Assinale a alternativa correta:
a) O salário dos trabalhadores pode ser reduzido por disposição de convenção ou acordo coletivo.
b) O direito de greve, como consagrado na Constituição, é um dos direitos coletivos fundamentais.
c) A lei poderá exigir autorização do Estado para a fundação de sindicato.
d) Direitos sociais, em sentido estrito e direitos individuais podem validamente ser postulados em juízo com os mesmos remédios constitucionais.
e) Mais de uma alternativa está correta.

Gabarito oficial: "a"

Por expressa determinação constitucional, a saber o Inciso VI do art. 7º, ao arrolar os direitos do trabalhador (direitos de natureza social) garante a irredutibilidade do salário, mas prevê a possibilidade de redução quando de decisão estabelecida em convenção ou acordo coletivo. Considere-se que as convenções ou acordos coletivos, na melhor concepção, são instrumentos de melhoria da condição social do trabalhador, daí a possibilidade da flexibilização de tal direito-garantia.

Análise das outras alternativas

b) Incorreta. O direito de greve é um direito social de titularidade coletiva.

c) Incorreta. O inciso I do art. 8º confere ao Sindicato autonomia, limitando a atuação estatal. Decorre tal prerrogativa da própria liberdade de associação genericamente considerada.

d) Incorreta. Façamos algumas observações sobre "remédios constitucionais", identificando a natureza do direito tutelado.

Habeas corpus – protege a liberdade de locomoção (remédio, portanto, que tutela direito individual) quando esta é cerceada por ato de ilegalidade ou abuso de poder.

Habeas data – assegura o acesso às informações pessoais constantes de registros ou bancos de dados de entidades governamentais ou de caráter público. Viabiliza, inclusive, a retificação dos dados quando inexatos. Tutela, portanto, o direito à privacidade (direito individual).

Mandado de injunção – constituí "remédio" de proteção jurisdicional aos direitos, liberdades e prerrogativas de índole constitucional ("direitos e liberdades constitucionais e das prerrogativas inerentes à nacionalidade, à soberania e à cidadania"). Trata de proteger, portanto, direitos individuais.

Mandado de Segurança – tutela direitos subjetivos ameaçados ou violados. Tal proteção não é, no entanto, extensível a todo e qualquer direito, é necessário que ele seja "líquido e certo" (aquele demonstrado de plano, de acordo com o direito).

Questão 13 – Assinale a alternativa correta:

a) A Constituição estabelece uma hierarquia de validade jurídica entre leis ordinárias, leis delegadas, medidas provisórias, decretos legislativos e resoluções.

b) A lei que tiver a forma de lei complementar, independentemente da matéria sobre a qual versar, só pode ser revogada por outra lei complementar.

c) As medidas provisórias só podem ser editadas em matéria de defesa do Estado, de direito financeiro e tributário, e de criação e extinção de cargos públicos.

d) Emendas constitucionais, em virtude dos limites apostos ao poder constituinte instituído na Constituição, poderão ser inconstitucionais.

e) Os decretos legislativos e as resoluções são suscetíveis de serem vetados pelo Presidente da República.

Gabarito oficial: "d"

Emendas Constitucionais, como produto do exercício do Poder Constituinte da espécie "reformador" são limitadas e condicionadas. Nos termos do art. 60 da CF/88, podemos identificar tais limites, a saber:

Direito Constitucional
Análise das questões dos Concursos de Ingresso à Carreira do Ministério Público

1) limites formais: quanto à iniciativa (I, II e III) – um terço, no mínimo, dos membros da Câmara dos Deputados (171 deputados) ou do Senado Federal (27 senadores); Presidente da República; de mais da metade das Assembléias Legislativas das unidades da Federação.

– quanto à deliberação (§ 2°), a proposta será discutida e votada em cada Casa do Congresso Nacional, em dois turnos, considerando-se aprovada se obtiver, em ambos, três quintos dos respectivos membros (49 votos no Senado Federal e 308 votos na Câmara dos Deputados).

– quanto à promulgação (§ 3°), haverá participação das Mesas das duas Casas, com o respectivo número de ordem.

2) limites materiais – § 4° e incisos, constituindo as cláusulas pétreas, de tal forma que não será objeto de deliberação proposta de emenda tendente a abolir: – a forma federativa de Estado; – o voto direto, secreto, universal e periódico; – a separação dos Poderes; – os direitos e garantias individuais.

3) limites circunstanciais – § 1° – que impede deliberação de proposta de Emenda Constitucional na vigência de intervenção federal, estado de defesa e estado de sítio.

Depreende-se do exposto que a inobservância de tais disposições constitucionais poderá, gerar tanto, vício intrínseco (material) como vício extrínseco (formal), podendo assim ser objeto de controle de constitucionalidade.

Análise das outras alternativas

a) Incorreto. Não há que se falar em hierarquia entre as espécies legislativas. A questão de hierarquia há de ser resolvida pela definição constitucional de competência.

b) Incorreto. A melhor doutrina estabelece que a matéria de Lei Complementar vem expressa no Texto Constitucional, de tal sorte que temos um vício formal sempre que o legislador ordinário deixa de observar a determinação do legislador constituinte.

De outro modo, se o legislador disciplina por Lei Complementar matéria de lei ordinária, não há dúvida que ela pode ser revogada por meio de lei ordinária.

Fique atento, se o legislador ordinário disciplinar matéria que a Constituição definiu como a espécie "lei complementar", através de lei ordinária, estaremos diante de um vício formal e, segundo o STF, nulidade total da lei.

c) Incorreto. Deve-se atentar para as reformulações que a EC n° 32/2001 fez ao, efetivamente, disciplinar a medida provisória. Cuidou a referida Emenda de estabelecer, nos termos do artigo 62, incisos e parágrafos, as condições para o uso daquele ato normativo primário, bem como a matéria que não poderá ser disciplinada e o procedimento a ser observado.

Considerando a alternativa em comento, saliente-se que está vedada a edição de medidas provisórias sobre matéria relativa a nacionalidade, cidadania, direitos políticos, direito eleitoral; direito penal, processual penal e processual civil; organização do Poder Judiciário e do Ministério Público, a carreira e a garantia de seus membros; planos plurianuais, diretrizes orçamentárias, orçamento e créditos adicionais e suplementares (exceto a abertura de crédito extraordinário para atender despesas imprevisíveis e urgentes decorrentes de guerra, comoção interna ou calamidade pública); que vise à detenção ou ao seqüestro de bens, de poupança popular ou qualquer outro ativo financeiro; e matéria reservada à lei complementar.

e) Incorreto. Os decretos legislativos e as resoluções, como atos normativos primários, de competência do Poder Legislativo, não serão submetidos à apreciação do Presidente da República, de onde temos que não estarão sujeitos a veto

Através dessas espécies normativas, as Casas Legislativas exercem as respectivas competências exclusivas: o Congresso Nacional, através de decreto legislativo, desempenha as funções arroladas no art. 49; a Câmara dos Deputados, por meio de resolução, desempenha as atividades arroladas no art. 51, e o Senado Federal da mesma forma cumpre as atividades privativas estabelecidas no art. 52. O Congresso Nacional só expede resolução quando a Constituição Federal determina expressamente (art. 68, § 3°)

Questão 14 – Assinale a alternativa correta:

a) A competência do Supremo Tribunal Federal pela via de recurso extraordinário visa exclusivamente assegurar a supremacia da Constituição.

b) O julgamento dos Governadores dos Estados, nos crimes comuns, é de competência do Tribunal de Justiça do respectivo Estado.

c) A competência para processar e julgar mandado de injunção é da alçada exclusiva do Supremo Tribunal Federal.

d) A representação da União, judicial e extrajudicialmente, caberá, pelo determinado na Constituição de 1988, à Consultoria-Geral da União.

e) Compete à Justiça Federal julgar os dissídios entre a Administração Federal Direta e seus empregados.

Gabarito oficial: "a"

Na CF/88, a amplitude do Recurso Extraordinário se restringiu ao âmbito constitucional. Seu objetivo imediato é manter a integridade da norma constitucional, não significando, no entanto, deixar de servir de instrumento à tutela do direito subjetivo das partes ou de terceiros prejudicados.

Barbosa Moreira (*in Comentários ao Código de Processo Civil*) resume bem o propósito do constituinte de 1988 ao afirmar: " O recurso extraordinário tem finalidade precípua, que não é senão a de assegurar a inteireza positiva, a validade, a autoridade e a uniformidade de interpretação da Constituição".

Análise das outras alternativas

b) Incorreta. Têm os Governadores de Estado, por expressa previsão constitucional, foro privilegiado para o julgamento dos denominados *crimes comuns*

(STF/pleno: "A expressão *crime comum*, na linguagem constitucional, é usada em contraposição aos impropriamente chamados crimes de responsabilidade, cuja sanção é política e abrange, por conseguinte, todo e qualquer delito, entre outros, os crimes eleitorais") Art. 105, I, alínea *a* – Superior Tribunal de Justiça.

c) Incorreta. Pela natureza do Mandado de Injunção que tem como um dos pressupostos constitucionais – a falta da norma regulamentadora que inviabiliza o exercício de direito conferido pela Constituição –, a competência para julgá-lo dependerá da autoridade omissa. O STF, conforme dispõe o art. 102, I, alínea *q*, tem competência para processar e julgar originariamente o Mandado de Injunção quando a elaboração da norma regulamentadora for atribuição do Presidente da República, do Congresso Nacional, da Câmara dos Deputados, do Senado Federal, do Tribunal de Contas da União, de um dos Tribunais Superiores e do próprio Supremo Tribunal Federal.

d) Incorreta. A CF/88 atribui a competência para representar a União, judicial e extrajudicialmente à Advocacia-Geral da União (art. 131 *caput*).

e) Incorreta. De primeiro é importante registrar que a Administração Federal tem servidores vinculados pelo regime estatutário e servidores celetista, (empregados públicos) Quando de qualquer questão a ser dirimida o juízo competente, em se tratando de servidor estatutário, será a Justiça Federal. De outro modo, o empregado público, reivindica seus direitos através da Justiça do Trabalho.

Questão 15 – Assinale a alternativa correta:

a) O exercício do controle dito incidental da constitucionalidade encontra-se em nosso direito, concentrado no Supremo Tribunal Federal.

b) A eficácia da decisão que, na forma de controle dita principal de constitucionalidade, declara inconstitucional uma lei é entre as partes envolvidas no processo.

c) A competência do Senado Federal para suspender a execução de lei declarada inconstitucional refere-se apenas ao controle da constitucionalidade no caso concreto.

d) O Presidente da República não tem, em nehuma hipótese, poder para suspender a execução de ato declarado inconstitucional pelo Supremo Tribunal Federal.

e) O sistema brasileiro desconhece instrumentos políticos de controle de constitucionalidade.

Gabarito oficial: "c"

O art. 52, X, preceitua a competência para o Senado Federal suspender a execução de lei declarada inconstitucional por decisão definitiva do STF.

Considere-se, de primeiro, que a expressão "por decisão definitiva do Supremo Tribunal Federal" pressupõe o caráter recursal de tal julgamento que, em regra, só acontecerá no controle concreto. Podemos ainda encontrar argumento para fundamentar a assertiva compatibilizando o efeito da decisão recursal – *inter partes* – com a competência maior daquela Corte que, na condição de guardiã da Constituição, não deverá deixar produzindo efeito qualquer lei ou ato normativo com vício de inconstitucionalidade. O Senado Federal, ao suspender a execução da lei, estará conferindo, na prática, a extensão do efeito da decisão do STF, uma vez que, pela emissão da Resolução, todos serão desobrigados do cumprimento da lei maculada.

Análise das outras alternativas

a) Incorreta. O controle incidental caracteriza-se sobremodo pelo denominado método difuso, de onde temos o exercício de tal atividade por qualquer órgão do Poder Judiciário (Tribunais – pleno ou órgão especial; juiz singular).

b) Incorreta. No controle abstrato, o objeto da ação é a lei ou o ato normativo em tese. O interesse que determina a atuação de qualquer dos legitimados é público. Trata-se, portanto, de um processo objetivo (não há lide nem partes), sendo o alcance da decisão *erga omnes*.

d) Incorreta. Considera-se incorreta a alternativa partindo da tese que defende a prerrogativa do titular do Poder Executivo para determinar o não-cumprimento de lei que considerar inconstitucional no âmbito dos órgãos que a ele estão subordinados. (A tese que defende tal entendimento assenta a necessidade do ato do titular do Poder ter por fundamento parecer jurídico emitido por órgão técnico competente).

e) Incorreta. No sistema pátrio temos, considerando o momento em que ocorre o controle de constitucionalidade, o controle preventivo (realizado pelos Poderes Legislativo e Executivo, sobre o projeto de lei, tem um caráter profilático, ou seja, o de impedir que venha a se transformar em lei um texto viciado) e o controle repressivo realizado pelo Poder Judiciário.

Observe-se que a alternativa faz referência a "instrumentos políticos", o que significa "controle político" (que indevidamente alguns doutrinadores nominam o controle preventivo). Segundo a melhor doutrina, o denominado "controle político" é exercido por um órgão distinto dos três Poderes, órgão este garantidor da supremacia da Constituição. Tal sistema é adotado, por exemplo, em Portugal e na Espanha, onde o controle é realizado pelas Cortes ou pelos Tribunais Constitucionais.

XXXV Concurso de Ingresso à Carreira do Ministério Público do Rio Grande do Sul

Questão 21 – Assinale a alternativa correta:

a) Cabe ao Supremo Tribunal Federal a competência para o julgamento de ação direta de inconstitucionalidade de lei municipal perante a Constituição Federal.

b) Somente pelo voto da maioria de dois terços de seus membros ou dos membros do respectivo órgão especial poderão os tribunais declarar a inconstitucionalidade de lei ou ato normativo do Poder Público.

c) Em julgamento de inconstitucionalidade por omissão, cabe citar, previamente, o Advogado-Geral da União.

d) O Congresso Nacional tem a competência para suspender a execução de lei declarada inconstitucional por decisão definitiva do Supremo Tribunal Federal.

e) Nenhuma das alternativas é correta.

Gabarito oficial: "e"

Efetivamente nenhuma das alternativas apresenta-se de forma correta.

Análise das outras alternativas

a) Incorreta. No sistema pátrio é pacífico o entendimento de que a lei municipal conflitante com a Constituição Federal não será objeto de Ação Direta de Inconstitucionalidade por Ação. O STF sustenta tal posição pela falta de previsão constitucional de competência para tal julgamento, o que impede o reconhecimento da lei municipal através de uma ação principal.

Recentemente aquela Corte solidificou tal entendimento através da emissão da Súmula 642 – " Não cabe ação direta de inconstitucionalidade de lei do Distrito Federal derivada da sua competência legislativa municipal."

b) Incorreta. A CF/88 determina, nos termos do art. 97, a observância do princípio de reserva de plenário tanto pelo pleno do STF como também pelo órgão especial dos Tribunais, para declarar a inconstitucionalidade de lei ou ato normativo. Pelo referido princípio, a decisão só poderá ser tomada pelo voto da maioria absoluta, considerando a composição integral, do órgão do Poder Judiciário.

Direito Constitucional
Análise das questões dos Concursos de Ingresso à Carreira do Ministério Público

c) Incorreta. Em decisão proferida na ADIn 23 (RTJ 131:463), o STF decidiu estar o Advogado-Geral da União "dispensado de pronunciar-se na ação direta de omissão, ao contrário do que ocorre na ação de inconstitucionalidade positiva, quando tem o dever de defender o ato impugnado, mesmo que estadual."

d) Incorreta. O Senado Federal é que tem competência para, através de Resolução, suspender a execução de lei declarada inconstitucional por decisão definitiva do Supremo Tribunal Federal (art. 52, X).

Questão 22 – Assinale a alternativa correta:

a) Cabe o *habeas data* independentemente de prévia recusa de informações por parte de autoridade administrativa.

b) A Constituição Federal garante a qualquer cidadão o direito de receber dos órgãos públicos informações de interesse coletivo ou geral.

c) Cabe exclusivamente ao Supremo Tribunal Federal a competência para o julgamento de mandado de injunção.

d) Os direitos e garantias decorrentes de tratados internacionais em que o Brasil seja parte não integram o conjunto de direitos e garantias fundamentais assegurados pela Constituição Federal.

e) Tanto a Câmara dos Deputados como o Senado Federal podem autorizar referendo e convocar plebiscito.

Gabarito oficial: "b"

Dentre as garantias arroladas no art. 5º da CF/88 temos o Inciso XXXIII que preceitua que todos têm o direito a receber dos órgãos públicos informações de seu interesse particular, ou de interesse coletivo ou geral.

Observe-se que a Banca Examinadora, ao considerar a alternativa "b" como correta, limitou o direito previsto, apenas ao cidadão (titular de direitos políticos) ao contrário da CF/88 que o reconhece a todos. Entenda-se que a CF/88 concede a todos os indivíduos acesso a informações referentes à atuação administrativa dos órgãos do poder público.

Análise das outras alternativas

a) Incorreta. Acompanhando posição tanto do STF como do STJ, o legislador ordinário através da Lei nº 9.507/97, especificamente no seu art. 8º, estabelece a necessária recusa de informações por parte da autoridade ou da recusa em fazer-se a retificação ou anotação no cadastro do interessado, como condição para o uso do *habeas data* (seria atender o que a jurisprudência considera como demonstração de "interesse processual").

c) Incorreta. A competência para julgar o mandado de injunção não é exclusiva do STF, tendo a CF/88 assim disciplinado:

– art. 102, I, *q* (competência do STF), quando a elaboração da norma regulamentadora for atribuição do Presidente da República, do Congresso Nacional, da Câmara dos Deputados, do Senado Federal, do Tribunal de Contas da União, de um dos Tribunais Superiores, ou do próprio Supremo Tribunal Federal;

– art. 105, I, *h* (competência do STJ), quando a elaboração da norma regulamentadora for atribuição de órgão, entidade ou autoridade federal, da administração direta ou indireta, excetuados os casos de competência do Supremo Tribunal Federal e dos órgãos da Justiça Militar, da Justiça Eleitoral, da Justiça do Trabalho e da Justiça Federal.

d) Incorreta, segundo o gabarito oficial. Registre-se que o entendimento não é pacífico, havendo franca e consistente divergência entre doutrinadores e entre estes e a jurisprudência pátria, de onde temos:

1ª posição: o tratado, acordo ou ato internacional adquire executoriedade no plano do direito positivo interno através de um processo de incorporação, constituído pela celebração (Presidente da República), pela homologação (Congresso Nacional) e pela promulgação por decreto presidencial (para viabilizar a executoriedade) com caráter de norma infraconstitucional, guardando estrita relação de paridade normativa com a lei ordinária (Inf.STF nº 73);

2ª posição: os tratados internacionais veiculadores de direitos fundamentais ingressam no ordenamento interno, por força do § 2º do art. 5º da CF/88, com o caráter de norma infraconstitucional, dispensando, qualquer processo de incorporação.

A respeito da matéria, é oportuno registrar que o Senado Federal está deliberando, como Casa revisora, proposta de emenda constitucional (identificada como "Reforma do Poder Judiciário") que deverá dar uma solução razoável ao propósito do constituinte quando acolheu os termos do § 2º do art. 5º, de tal forma que deverá ser acrescentado outro parágrafo ao referido artigo 5º, estabelecendo que: " Os tratados e convenções internacionais sobre direitos humanos que forem aprovados, em cada Casa do Congresso Nacional, em dois turnos, por três quintos dos votos dos respectivos membros serão equivalentes às emendas constitucionais. "

e) Incorreta. A autorização para realização de referendo e a convocação de consulta plebiscitária, em âmbito nacional, é do Congresso Nacional (art. 49, XV)

Questão 23 – Assinale a alternativa correta:

a) Sempre prevalece, em caso de contradição, a lei federal sobre a lei estadual.

b) Lei estadual que contrarie lei federal prevalecente é sempre inconstitucional.

c) Lei estadual que contrarie lei federal prevalecente é sempre ilegal.

d) Nem sempre prevalece, em caso de contradição, a lei federal sobre a lei estadual.

e) Mais de uma alternativa está correta.

Gabarito oficial: "d"

Refere-se a assertiva à matéria pertinente à competência concorrente (art. 24 da CF/88), quando à União cabe estabelecer normais gerais enquanto aos Estados é deferida a competência suplementar (tratamento específico da matéria) Esta é a única situação em que podemos falar em hierarquia entre lei federal e lei estadual (ou entre lei federal e lei municipal; ou entre lei estadual e lei municipal) A lei federal não prevalecerá sobre a lei estadual quando e se a União extrapolar a prerrogativa constitucional, ou seja, quando disciplinar normas de caráter específico além das de caráter geral.

Análise das outras alternativas

a) Incorreta. Consideremos que na competência concorrente, limitada como prevista na CF/88, só não prevalece a lei federal quando a mesma deixa de observar os limites impostos. Caso contrário, haverá sim a prevalência da lei federal, tanto que, quando ocorre a omissão da União, e o Estado exerce a competência supletiva, a lei federal superveniente suspende a lei estadual vigente no que for conflitante.

b) Incorreta. Temos aqui um conflito entre "leis" normas infraconstitucionais, onde o Estado, ao exercer sua competência suplementar, deixa de observar a norma geral. Conflito entre "leis" gera uma questão de ilegalidade, e não de inconstitucionalidade.

c) Incorreta, segundo o gabarito oficial. A assertiva fica comprometida pela redação. Se, no exercício da competência legislativa concorrente, temos hierarquia entre lei federal e lei estadual, é evidente que teremos uma "ilegalidade" quando esta deixa de respeitar àquela, que na lição de Pontes de Miranda "são fundamentais, restritas a estabelecer diretrizes, sem possibilidade de codificação exaustiva."

Questão 24 – Assinale a alternativa correta:

a) O Congresso Nacional pode decidir da conveniência ou não de disciplinar as relações jurídicas decorrentes de medidas provisórias rejeitadas.

b) O Congresso Nacional pode eventualmente sustar decreto do Executivo.

c) Se o Executivo solicitar urgência para a apreciação de projetos de lei de sua iniciativa, poderá ocorrer aprovação por decurso de prazo.

d) Em matéria de emenda à Constituição, o Executivo poderá recorrer ao direito de veto.

e) Em nehuma hipótese, poderá ser dispensada a discussão e votação de projeto de lei ordinária por parte do plenário de Casa Legislativa.

Gabarito oficial: "b"

A CF/88, mantendo a tradição, estabelece competência ao Executivo para regulamentar a lei (art. 84, IV, *in fine*). Trata-se de competência para expedição de ato normativo secundário, uma vez que viabilizará a execução da lei. O inciso V do art. 49 da CF/88 confere ao Congresso Nacional competência para, através de Decreto Legislativo, sustar os atos normativos do Poder Executivo que exorbitem do poder regulamentar.

Análise das outras alternativas

a) Incorreta. Não fica na discricionariedade do Congresso Nacional a disciplina das relações jurídicas decorrentes de medida provisória rejeitada. O § 3º do art. 62 da CF/88 determina o procedimento uma vez que a medida provisória rejeitada perde sua eficácia desde a edição, se não for convertida em lei.

c) Incorreta. A CF/88 prevê no § 1º do art. 64 a possibilidade de o Presidente da República solicitar urgência para apreciação pelo Poder Legislativo, de projetos de sua iniciativa. A própria Constituição estabelece os prazos para que, sendo aceito o pedido de urgência, as Casas procedam a apreciação. Registre-se que o constituinte de 1988 aboliu a chamada "aprovação por decurso de prazo."

e) Incorreta. No § 2º do art. 58 da CF/88 temos previsto o procedimento legislativo abreviado, quando as Comissões Permanentes, em razão da matéria de sua competência, poderão deliberar (discutir e votar) sobre projeto de lei que dispensar, na forma do Regimento, a competência do plenário.

Questão 25 – Assinale a alternativa correta:

a) Deputados e Senadores, individualmente considerados, não podem renunciar à imunidade parlamentar.

b) Não é da competência do Supremo Tribunal Federal e dos Tribunais Superiores a iniciativa de lei.

c) O Presidente da República não poderá delegar nenhuma de suas atribuições privativas.

d) Qualquer Deputado ou Senador pode propor emenda à Constituição.

e) Compete exclusivamente ao Chefe do Ministério Público Federal (Procurador Geral da República) ou dos Estados (Procurador-Geral de Justiça) a propositura de ação direta de inconstitucionalidade.

Gabarito oficial: "a"

As imunidades e as prerrogativas parlamentares decorrem da função, o que deverá garantir independência no exercício do mandato, desse modo, por não ser pessoal, são irrenunciáveis.

Análise das outras alternativas

b) Incorreta. O STF e os Tribunais Superiores têm, constitucionalmente determinada, prerrogativa de "iniciativa reservada" (art. 93 *caput* e art. 96, II). Tal prerrogativa configura garantia institucional que permite a organização e o funcionamento independente do Poder Judiciário.

c) Incorreta. O Parágrafo único do art. 84 estabelece que o Presidente da República poderá (facultativo) delegar aos Ministros de Estado, ao Procurador Geral da República e ao Advogado-Geral da União as atribuições de: organização e funcionamento da administração federal (inciso VI, *a);* concessão de indulto e comutação de penas (inciso XII); prover cargos públicos federais (inciso XXV).

d) Incorreta. Individualmente, Deputados ou Senadores não poderão apresentar proposta de emenda constitucional. A exigência constitucional diz que, no mínimo um terço (1/3) da Casa deverá subscrever qualquer proposta de emenda.

e) Incorreta. Uma das mais significativas inovações da CF/88 foi a de retirar a exclusividade da legitimidade para argüir a inconstitucionalidade de lei ou ato normativo em tese.

XXXVI Concurso de Ingresso à Carreira do Ministério Público do Rio Grande do Sul

Questão 21 – Assinale a alternativa correta:

a) Assembléia Constituinte de 1987/8 impôs, no texto constitucional, limites materiais ao poder constituinte derivado.

b) O Poder Constituinte dos Estados Federados somente tem por limite os princípios fundamentais da Constituição Federal.

c) O Estado do Rio Grande do Sul somente emitirá moeda se autorizado por lei federal.

d) Os rios que banham mais de um município são todos pertencentes aos Estados Federados.

e) As regras da Constituição Federal são todas de eficácia plena e aplicação imediata.

Gabarito oficial: "a"

A Assembléia Nacional Constituinte, exercendo Poder Constituinte Originário, fez, no art. 60 do Texto, a previsão de procedimento especial que permite modificações necessárias no Texto. Ao disciplinar o exercício do poder constituinte derivado (reformador), aquela Assembléia estabeleceu limites formais (iniciativa, deliberação, promulgação), limites materiais (cláusulas pétreas) e limites circunstanciais.

Análise das outras alternativas

b) Incorreta. O exercício do Poder Constituinte Decorrente (art. 11 do ADCT) pelos Estados para elaboração e alterações das respectivas Constituições está limitado, não apenas aos princípios fundamentais (princípios inciais), mas a todos os princípios e regras definidas na Constituição Federal, de caráter impositivo (exemplo: sistemas eleitorais para escolha de Governadores e Deputados Estaduais).

c) Incorreta. A emissão de moeda é atribuição exclusiva, logo indelegável, da União (art. 21, VII).

d) Incorreta. Nos termos do inciso III do art. 20, constituem bens da União.

e) Incorreta. Todas as disposições constitucionais, independente da condição de aplicabilidade, têm eficácia jurídica e ocupam no ordenamento jurídico à posição de supremacia.

A assertiva diz respeito às condições de aplicabilidade das normas constitucionais. Tem a jurisprudência acolhido para exame da matéria a teoria de José Afonso da Silva que identifica a existência de normas de aplicabilidade imediata (normas de eficácia plena e de eficácia contida) e de normas constitucionais de aplicabilidade mediata (eficácia limitada).

Questão 22 – Assinale a alternativa correta:

a) Segundo a jurisprudência do Supremo Tribunal Federal, o juízo, ao decidir em mandado de injunção, concede tão-só ao autor, de imediato, o direito pleiteado.

b) Um indivíduo nascido no México pode ser Presidente da República do Brasil.

c) O cidadão carente tem direito à Previdência Social, independentemente de contribuição em seu favor.

d) Conforme nosso sistema de repartição de competências, a lei federal sempre revoga a lei estadual, havendo contradição.

e) A pena de morte, para tempo de paz, somente poderá ser introduzida por lei complementar.

Gabarito oficial: "b"

O Brasil adota como critérios para o reconhecimento da nacionalidade nata o *jus soli* e o *jus sanguinis*. Nos termos do art. 12, I, alíneas *b* e *c*, temos como base o critério *jus sanguinis*, de onde serão brasileiros natos os nascidos no exterior, de pai ou mãe brasileira, desde que qualquer deles esteja a serviço da República Federativa do Brasil ou os nascidos no exterior, de pai brasileiro ou mãe brasileira, desde que venham a residir no Brasil e façam, perante o juiz federal, a opção pela nacionalidade brasileira (ou a confirmação quando da situação potestativa).

Se o indivíduo estiver protegido por uma dessas garantias preencherá a condição de elegibilidade para o cargo de Presidente da República, quanto à nacionalidade (§ 3º do art. 12).

Análise das outras alternativas

a) Incorreta. Prevalece no STF o entendimento "não-concretista" quanto ao mandado de injunção (posição essa acompanhada por muitos doutrinadores). Se a posição fosse "concretista" ("tornar concreto o direito abstrato"), a decisão poderia ser de caráter geral ou de caráter individual (lembrar que o STF admite, por analogia, o mandado de injunção coletivo).

c) Incorreta. A Previdência Social é devida tão-somente àqueles que contribuíram financeiramente para usufruírem dos benefícios por ela oferecidos. Implica, portanto, numa contraprestação (art. 201).

De modo distinto, no entanto, a Assistência Social será prestada, independente de contribuições, às pessoas carentes de recursos (art. 203).

d) Incorreta. A impossibilidade de lei federal revogar lei estadual e esta de revogar lei municipal, decorre da estrutura federativa.

Nos termos do art. 18 da CF/88, que define a organização político-administrativa do Estado Brasileiro, temos consagrada a autonomia dos entes federados, todos autônomos (autonomia = autogoverno, autolegislação, auto-organização e auto-administração). Exatamente esta condição que rejeita a possibilidade de uma lei federal fazer a revogação de lei estadual ("uma lei só pode ser revogada por outra da mesma natureza" – entenda-se: pela mesma Casa Legislativa).

e) Incorreta. A pena de morte, como penalidade de exceção, só será aplicada na estrita previsão constitucional (art. 5º, XLVII, *a*), ou seja, em caso de guerra externa. Como esta disposição constitucional configura uma garantia ao direito individual "vida", nem mesmo por emenda constitucional poderá ser alterada para possibilitar sua aplicação em tempo de paz.

Questão 23 – Assinale a alternativa correta:

a) O Congresso Nacional pode provocar a demissão dos Ministros de Estado, através de voto de desconfiança política, conforme o texto de 5/10/1988.

b) No processo legislativo, a promulgação de lei, pelo Presidente da República, pressupõe sempre sua sanção.

c) No processo legislativo, prevalece a vontade do Poder Legislativo.

d) O decreto editado pelo Presidente da República somente poderá revogar lei ordinária se a mencionar expressamente.

e) O Poder Judiciário faz prestação jurisdicional, e também pode propor projetos sobre matérias previstas em todos os itens do artigo 59 da Constituição Federal.

Gabarito oficial: "c"

A atividade típica do Poder Legislativo é a legiferante. Tal constação compatibilizada com o fato de ser o Brasil um Estado Democrático de Direito (sujeito à lei) deve prevalecer a vontade do Poder Legislativo na elaboração da lei por ser aquele Poder, efetivamente representativo (o regime democrático impõe o princípio da prevalência da vontade da maioria).

Análise das outras alternativas

a) Incorreta. O procedimento trazido na assertiva em estudo é típico do sistema parlamentarista.

Temos na CF/88, art. 50 (mecanismo de freios e contrapesos), a possibilidade de haver convocação de Ministro de Estado por parte das Casas Legislativas ou de suas Comissões. O não-comparecimento, sem justificativa razoável, implica a prática de crime de responsabilidade.

b) Incorreta. Considerando as fases do processo legislativo ordinário, o Presidente da República poderá sancionar ou vetar o projeto de lei (nunca a proposta de emenda constitucional). A sanção (concordância) poderá ser expressa – quando o Presidente já completa o processo promulgando a lei e determinando sua publicação – ou ser tácita. Esta modalidade de sanção ocorre pela não-manifestação por 15 dias úteis. O decurso desse prazo não completa o processo impondo-se, ainda, a promulgação que será feita pelo Presidente da República ou pelo Presidente do Senado ou pelo Vice-Presidente do Senado (§ 7°, art. 66).

Se o Presidente vetar o projeto de lei, este veto será apreciado pelo Congresso Nacional e havendo a rejeição do veto faz-se necessária a promulgação do referido projeto de lei, quando será aplicada a regra do § 7° do art. 66.

d) Incorreta. A assertiva está considerando a atividade da Chefia do Executivo referente à edição de decreto regulamentar. Consideremos, de primeiro, que a lei, que motivou a expedição do decreto, é ato normativo primário, enquanto o decreto regulamentar é ato previsto e derivado da lei, portanto é natureza normativa secundária. Logo, em nenhuma hipótese, a lei poderá ser revogada por regulamento.

e) Incorreta. A CF/88 confere atividade de natureza legislativa ao Poder Judiciário, dentro do princípio da independência dos Poderes. Não reconhece, no entanto, a prerrogativa de iniciativa comum e quanto à espécie legislativa, em se tratando de lei formalmente complementar, há expressa previsão.

O art. 93 *caput* e o art. 96, II e alíneas, definem a competência legislativa do Poder Judiciário (iniciativa reservada ou privativa).

Questão 24 – Assinale a alternativa correta:

a) Assim como o Poder Judiciário, o Ministério Público somente agirá se for provocado pelo cidadão ou por pessoa de direito.

b) Via de regra, das decisões dos Tribunais Estaduais cabe recurso para os Tribunais Federais.

c) O Tribunal de Contas, como parte do Poder Judiciário, somente decide mediante provocação.

d) Somente mediante lei complementar poderá ser destituído o Procurador de Justiça do Rio Grande do Sul.

e) Nenhuma das alternativas acima é correta.

Gabarito oficial: alternativa "e"

Análise das outras alternativas

a) Incorreta. A atividade do Poder Judiciário, caracterizada pela inércia, é distinta da atividade do Ministério Público. Decorre esta da própria definição constitucional como "instituição permanente, essencial à função jurisdicional do Estado incumbindo-lhe a defesa da ordem jurídica, do regime democrático e dos interesses sociais e individuais indisponíveis" (art. 127).

b) Incorreta. Os recursos previstos constitucionalmente acontecem nas circunstâncias específicas, e não como regra.

c) Incorreta. O Tribunal de Contas é órgão técnico que emite pareceres, não exercendo jurisdição no sentido próprio da expressão. As decisões do Tribunal de Contas são de natureza administrativa, não produzindo nenhum ato marcado pela definitividade ou fixação de direito no caso concreto. Não integra o Poder Judiciário. É o Tribunal de Contas (órgão autônomo) órgão auxiliar do Poder Legislativo no exercício da atividade fiscalizadora desse Poder quando da realização do controle externo do Poder Executivo (art. 71 da CF/88).

d) Incorreta. A chefia do Ministério Público nos Estados, nos termos dos §§ 3º e 4º do art. 128 da CF/88, será escolhida pelo Governador do respectivo Estado, a partir de uma lista tríplice (lista esta precedida de eleição), tendo mandato de 2 anos. A eventual destituição do Procurador-Geral de Justiça dependerá de deliberação da respectiva Assembléia Legislativa, pelo voto de maioria absoluta dos integrantes da Casa.

Questão 25 – Assinale a alternativa correta:

a) Em ação direta do representante do Ministério Público Estadual, o Tribunal de Justiça pode decretar a inconstitucionalidade da lei federal.

b) No caso do artigo 102, I, *a*, da Constituição Federal, o Supremo Tribunal Federal apreciará a pretensão e o direito subjetivo do autor.

c) No caso do artigo 102, III, da Constituição Federal, o Supremo Tribunal Federal resolverá sobre pretensão do recorrente em fazer cumprir ou deixar de cumprir ato ou norma jurídica.

d) No controle jurisdicional principal, concentrado, a decisão tem eficácia para situações a se constituir, a partir de sua publicação.

e) Nenhuma das alternativas anteriores é correta.

Gabarito oficial: "c"

Temos no inciso III do art. 102 da CF/88 prevista a competência recursal do STF quando do julgamento de Recurso Extraordinário. Mediante tal recurso, o STF examina as causas decididas em única ou última instância, quando dessa decisão resultar: – contrariedade às normas constitucionais; – declaração de inconstitucionalidade de tratado ou lei federal; e – validade de lei ou ato normativo de governo local (Estado, Município ou Distrito Federal) contestado em face da Constituição Federal. Se acolhido o recurso, ficará resolvida a pretensão do recorrente em fazer cumprir ou deixar de cumprir ato ou norma jurídica.

Análise das outras alternativas

a) Incorreta. Não tem o Tribunal de Justiça do Estado, competência para resolver, pelo controle abstrato, eventuais conflitos com a Constituição Federal seja de leis ou atos normativos estaduais ou municipais, muito menos de leis federais.

b) Incorreta. O art. 102, I, *a*, da CF/88, diz da competência do STF em processar e julgar a ação direta de inconstitucionalidade de lei ou ato normativo federal ou estadual, bem como a ação declaratória de constitucionalidade de lei ou ato normativo federal. Temos aqui o controle de constitucionalidade da lei em tese, abstratamente considerada. Os legitimados defendem interesse público, não estando em cogitação eventual pretensão ou direito subjetivo.

d) Incorreta. No controle efetivado através de Ação Direta de Inconstitucionalidade (ADIn por Ação) a decisão, que tem efeito *erga omnes* será *ex tunc* uma vez que constituí matéria pacífica o entendimento da *nulidade* da lei viciada.

XXXVII Concurso de Ingresso à Carreira do Ministério Público do Rio Grande do Sul

Questão 21 – Considere as seguintes assertivas:

I – Embora o direito ao *habeas data* seja personalíssimo, a jurisprudência tem admitido que certos parentes do *de cujus* possam utilizar-se desse remédio constitucional para a retificação de dados desabonatórios acerca do falecido.

II – Os direitos e garantias individuais consagrados pelo art. 5º da Constituição Federal não propiciam, em geral, a impetração do mandado de injunção.

III – A lei que contraria a Constituição é considerada nula, em face do princípio da rigidez e da conseqüente supremacia formal da Constituição.

IV – Podem legislar sobre direito urbanísitico a União Federal, os Estados, o Distrito Federal e, supletivamente, os Municípios.

Assinale a alternativa correta

a) Somente as assertivas I e IV estão corretas
b) As assertivas II, III e IV estão corretas.
c) As assertivas I, III e IV estão certas.
d) As assertivas II e IV estão erradas.
e) Somente a assertiva III está errada.

Gabarito oficial: "e"

A assertiva III está incorreta, uma vez que a declaração de nulidade de lei conflitante com a Constituição decorre da supremacia tanto formal quanto material da Constituição que confere validade a todo o ordenamento.

Análise das outras alternativas

I – A utilização do *habeas data*, para retificação de dados desabonatórios referentes a pessoas falecidas, por terceiros, foi admitido em decisão do, ainda, Tribunal Federal de Recursos, em caráter excepcional (*Habeas Data nº 1*).

II – Se considerarmos a expressa previsão constitucional quanto ao mandado de injunção: "direitos e liberdades constitucionais e prerrogativas inerentes à nacionalidade, à soberania e à cidadania", veremos que a maioria dos direitos e garantias consagrados no art. 5º são de aplicabilidade imediata, não dependendo o exercício desses direitos de norma regulamentadora.

IV – Direito urbanístico é matéria de competência concorrente (art. 24) de onde temos que a União estabelecerá as normas gerais, e os Estados e o Distrito Federal exercerão competência suplementar. De outro modo, temos no art. 30, II, a previsão de que o Município exercerá atividade suplementar tanto à lei federal como à estadual.

A alternativa, considerada correta pelo gabarito oficial, admite a atividade supletiva a ser exercida pelos Municípios. Devemos considerar que é cediça a doutrina quanto a exclusividade da competência supletiva deferida aos Estados e ao Distrito Federal quando da inexistência de lei federal. Tal entendimento põe em questionamento o referido gabarito.

Questão 22 – Considere as seguintes assertivas:

I – A remuneração dos empregados de uma sociedade de economia mista controlada pelo Estado-membro não pode ser superior a dos Secretários do respectivo Estado (Secretários de Estado), excluídas as vantagens de caráter individual e as relativas à natureza ou ao local de trabalho.

II – É passível de ação popular o ato praticado pela Diretoria de uma sociedade de economia mista e realizado segundo a lei.

III – Compete ao Tribunal de Justiça do Estado julgar, por maioria absoluta de seus membros, a constitucionalidade de lei complementar estadual em conflito com a Constituição do Estado-membro.

IV – O julgamento das contas dos gestores de recursos públicos, pelo Tribunal de Contas do Estado, não é suscetível de apreciação judicial, em face da competência constitucional do Tribunal de Contas.

Assinale a alternativa correta

a) As assertivas I e IV estão erradas.

b) Somente a assertiva I está errada.

c) Somente a assertiva IV está errada.

d) As assertivas I, II estão erradas.

e) As assertivas II e III estão erradas.

Gabarito oficial: alternativa "c"

O Tribunal de Contas do Estado tem atribuições idênticas ao do Tribunal de Contas da União (art. 71 e incisos). Trata-se de uma atividade de natureza administrativa, portanto, passível de controle jurisdicional.

Análise das outras alternativas

I – A remuneração dos empregados de uma sociedade de economia mista tem os limites impostos pelo Inciso XI do art. 37 (§ 9º do art. 37).

Observação: a EC nº 41, de 19.12.2003 estabelece três tetos remuneratório no âmbito estadual. A assertiva, após a alteração constitucional, está incorreta, uma vez que o teto a ser observado no âmbito do Poder Executivo é o subsídio do Governador, e não mais do Secretário.

II – A ação popular é remédio constitucional para preservação do patrimônio público, as sociedades de economia mista são compostas por capitais públicos e privados, portanto os atos praticados pela Diretoria, embora legais, mas lesivos, estarão sujeitos a tal controle.

III – A imposição de observância do princípio de reserva de plenário (art. 97) faz com que Tribunal de Justiça de Estado só declare a inconstitucionalidade de lei ou ato normativo estadual ou municipal conflitante com a Constituição Estadual mediante o voto da maioria absoluta do próprio Tribunal ou do Órgão Especial quando existente.

Questão 23 – Considere as seguintes alternativas:

I – Segundo o entendimento dominante, pode um empregado ocupante de cargo do quadro de escriturários de uma sociedade de economia mista ser promovido por merecimento ao cargo inicial de carreira de técnico-científico da mesma companhia.

II – Segundo nosso sistema de repartição de competências, a lei federal complementar revoga a lei municipal ordinária, havendo contradição entre as mesmas.

III – Lei municipal ordinária pode alterar disposição de Lei Orgânica do Município, desde que não trate de matéria reservada à lei complementar.

IV – Compete ao Senado Federal suspender a executoriedade de lei julgada inconstitucional pelo Supremo Tribunal Federal, no método de controle concentrado da constitucionalidade das leis.

Assinale a alternativa correta

a) As assertivas I, II e IV estão certas.

b) As assertivas II, III e IV estão certas.

c) Somente a assertiva IV está certa.

d) Todas as assertivas estão erradas.

e) Somente as assertivas I e IV estão certas.

Gabarito oficial: alternativa "d"

Análise das assertivas

I – Os empregados das sociedades de economia mista, embora regidos pela CLT, têm que observar as regras constitucionais impostas ao "servidor público", tais como ingresso por concurso público, regras de acumulação, etc.

II – Incorreta, uma vez que não há como se falar em superioridade hierárquica de um ente federado em relação a outro. Pela estrutura federativa os entes estatais são providos de autonomia e eventual superioridade de lei de entes federados distintos resulta do exercício da competência legislativa concorrente cuja matéria e exaustivamente prevista no art. 24 da CF/88.

III – A Lei Orgânica do Município deverá dispor quanto ao procedimento de sua alteração observando o disposto no art. 29 da CF/88, onde é determinado o *quorum* (2/3) para deliberação, bem como a votação em dois turnos.

IV – O Senado Federal só emitirá Resolução suspendendo a execução de lei julgada inconstitucional pelo STF, quando da efetivação do denominado controle concreto (art. 52, X) Quando a ação tem por objeto a lei em tese o efeito da decisão é *erga omnes* (alcança a todos), não havendo necessidade de procedimento posterior.

Questão 24 – Considere as assertivas abaixo:

I – Ato de diretoria de entidade privada, agindo apenas como delegatária da autoridade pública, não é passível de mandado de segurança.

II – Compete ao Estado-membro estabelecer o horário de funcionamento do comércio no âmbito de seu território.

III – O Presidente da República não pode delegar nenhuma competência exclusiva.

IV – A matéria constante de projeto de lei rejeitado só poderá ser objeto de novo projeto na mesma legislatura se houver proposta da maioria absoluta dos Deputados Federais ou dos Senadores.

Assinale a alternativa correta

a) As assertivas I e III estão certas.

b) As assertivas III e IV estão certas.

c) As assertivas I, II e IV estão erradas.

d) Somente a assertiva I está certa.

e) Nenhuma das alternativas está correta.

Gabarito oficial: alternativa "c"

I – O mandado de segurança como garantia instrumental protege direito líquido e certo face à atuação ilegal ou abusiva de poder por parte de autoridade pública ou agente de pessoa jurídica no exercício de atribuições do Poder Público. Portanto, atos de Diretoria de entidade privada que é delegatária da autoridade pública são passíveis de controle por mandado de segurança.

II – A jurisprudência é firme ao determinar que, considerando o interesse local, o Município é competente para estabelecer o horário de funcionamento do comércio.

IV – A regra impeditiva de apresentação de projeto de lei rejeitado na mesma sessão legislativa (no ano legislativo) traz como exceção a possibilidade da matéria ser objeto de novo projeto quando da solicitação da maioria absoluta da Casa.

Observar que "legislatura" corresponde a quatro anos enquanto a sessão legislativa anual corresponde ao período que vai de 15/02 até 15/12 de cada ano.

III – Correta. A possibilidade de delegação de atribuições pelo Presidente da República está prevista no Parágrafo único do art. 84 da CF/88. Depreende-se de tal disposição que as demais atribuições são exclusivas e portanto indelegáveis.

Observe-se que o mandamento constitucional faculta ao Presidente a possibilidade da delegação quanto a organização e funcionamento da administração, a concessão de indulto e comutação de pena e para prover cargo público federal. As autoridades que poderão receber tais delegações são: Ministro de Estado, Procurador-Geral da República e o Advogado-Geral da União.

Questão 25 – Considere as seguintes assertivas:

I – O conceito moderno de Estado é composto pelos elementos: Povo, Território, Poder Político Soberano e Finalidade que, no direito brasileiro encontra-se expressa no art. 3º da Constituição Federal.

II – A administração direta e indireta do Estado do Rio Grande do Sul está obrigada a conferir livre acesso aos deputados estaduais em suas dependências, mesmo sem prévio aviso, prestando-lhes informações.

III – O procurador-geral do Estado não poderá abster-se de defender a norma legal atacada por ação direta de inconstitucionalidade, em tese, perante o Tribunal de Justiça do Estado, mesmo que flagrantemente inconstitucional.

IV – O prefeito municipal sancionará ou vetará o projeto de lei orgânica que lhe for submetido, no prazo de 15 (quinze) dias, sendo que, decorrido o prazo, o silêncio importará em sanção tácita.

V – A Constituição Brasileira classifica-se como sendo rígida, dogmática e analítica.

Assinale a alternativa correta.

a) As assertivas I, IV e V estão certas.

b) As assertivas II, III e IV estão certas.

c) Somente as assertivas II e IV estão certas.

d) Somente as assertivas I e V estão certas.

e) Nenhuma alternativa está correta

Gabarito oficial: alternativa "e"

Análise das assertivas

I – Incorreta. O conceito moderno de Estado identifica como elementos componentes o Poder Soberano, o Povo (como titular do Poder Político) e o Território (demarca a base física da incidência do ordenamento jurídico).

II – Incorreta. Não há dúvida que a administração direta e indireta do Estado estará sujeita a fiscalização por parte da Assembléia Legislativa uma vez que ao Poder Legislativo é conferida a competência para fiscalizar o Poder Executivo. Tal prerrogativa, no entanto, não ocorre em termos absolutos. O art. 53, XIX, da Constituição do Estado do Rio Grande do Sul, a respeito de tal fiscalização, assim dispõe: Compete exclusivamente à Assembléia Legislativa...XIX exercer a fiscalização e o controle dos atos do Poder Executivo, inclusive na administração indireta, através de processo estabelecido nesta Constituição e na lei.

III – Examinando a Constituição do Estado do Rio Grande do Sul, temos no § 4° do art. 95 : Quando o Tribunal de Justiça apreciar a inconstitucionalidade, em tese, de norma legal ou de ato normativo, citará, previamente, o Procurador-Geral do Estado, que defenderá o texto impugnado.

Conveniente trazermos à colação a posição do STF quando do exame da atividade constitucional do Advogado-Geral da União quando citado por aquela Corte para defender a lei ou ato impugnado, que assim se manifestou: "atuando como verdadeiro curador (*defensor legis*) das normas infraconstitucionais, inclusive daquelas de origem estadual, e velando pela preservação de sua presunção de constitucionalidade e de sua integridade e validez jurídicas no âmbito do sistema de direito positivo, não cabe ao Advogado-Geral da União, em sede de controle normativo abstrato, ostentar posição processual contrária ao ato estatal impugnado, sob pena de frontal descumprimento do *munus* indisponível que lhe foi imposto pela própria Constituição Federal." (AgRg em ADIn 1254-1 RJ). Veja a exceção a tal entendimento abordado na questão n° 42 do XL Concurso.

Se a Constituição Estadual, por simetria, confere ao Procurador-Geral do Estado tal função, a regra de interpretação feita pelo STF será aqui aplicada.

Em conclusão, a assertiva III está correta.

IV – A assertiva toma por base a elaboração de emendas às Constituições (tanto federal quanto estadual) onde não há participação deliberativa do Poder Executivo.

Como o projeto de Lei Orgânica Municipal, segundo a CF/88, deve passar por um procedimento especial, particular, poderá o legislador municipal excluir o Prefeito Municipal de tal processo, seja na elaboração originária, seja nas alterações posteriores.

V – A CF/88 pode ser classificada: a) quanto à origem: promulgada (fruto do trabalho de uma Assembléia Nacional Constituinte); b) quanto à forma: escrita (codificada) formada por um conjunto de regras sistematizadas e organizadas em um único documento; c) quanto à extensão: analítica (disciplina de modo específico todas as matérias contempladas); d) quanto ao modo de elaboração: dogmática (se apresenta de modo escrito e sistematizado, resultante do trabalho de um órgão constituinte); e) quanto à estabilidade: rígida (exige um processo legislativo particular para alteração de suas normas)

Conclui-se que a assertiva está correta, contrariando o gabarito oficial.

XXXVIII Concurso de Ingresso à Carreira do Ministério Público do Rio Grande do Sul

Questão 48 – Assinale a assertiva correta:

a) O direito de ir, vir e permanecer (=locomoção) consubstancia norma constitucional de eficácia contida ou restringível.

b) Ao cidadão brasileiro não se dará extradição.

c) A objeção de consciência, até mesmo a recusa de prestação alternativa, poderá ser invocada, sempre, sem que disso decorra para o escusante possibilidade de sanção.

d) O julgamento de crimes hediondos não levará em consideração o princípio da individualização da pena.

Gabarito oficial: "a"

O inciso XV do art. 5°, ao dizer da liberdade de locomoção, afirma a plenitude do exercício em tempo de paz, prevendo, no entanto, limitações em circustâncias excepcionais (vigência do Estado de Defesa – § 3° do art. 136 e na vigência do Estado de Sítio – art. 139, I e II). Conforme a teoria de José Afonso da Silva quanto à aplicabilidade das normas constitucionais, a disposição é norma de eficácia contida e aplicabilidade imediata.

Análise das outras assertivas

b) Incorreta. A disciplina constitucional sobre a matéria diz que o brasileiro nato não será passível de extradição (art. 5°, LI). No entanto, o naturalizado poderá ser extraditado por crime praticado antes da naturalização (esta tem efeito *ex nunc* – art. 124 da Lei n° 6815/80) ou quando de comprovado envolvimento em tráfico de drogas (situação em que perderá a condição de nacional).

c) Incorreta. O inciso VIII do art. 5° constitui tutela da liberdade de religião, de convicção política e filosófica. No entanto, a própria disposição constitucional diz da possibilidade de comprometimento de direitos sempre que tal alegação for feita com a finalidade de escusa de cumprimento de obrigação legal a todos imposta. A inovação da CF/88 diz da possibilidade de substituição de tal obrigação legal por prestação alternativa. Nos termos do § 1° do art. 143, o alistado para prestação do serviço militar obrigatório poderá, alegando imperativo de consciência, requerer a referida prestação (Lei nº 8.239, de 04/10/91).

d) Incorreta. O princípio da individualização da pena consagrado nos termos do Inciso XLVI do art. 5º não diz de sua inobservância em este ou aquele julgamento. Trata-se de uma garantia e como tal só poderá ser restritiva se o próprio Texto determinar (o que não é o caso). De outro modo, na análise do referido inciso, devemos considerar que o constituinte fez uma enumeração, não exaustiva, das penas, remetendo para o legislador ordinário a possibilidade de outras penalidades, desde que observado o Inciso XLVII do mesmo artigo 5º.

Questão 49 – Assinale a assertiva correta:

a) Os direitos políticos e sociais estão ao abrigo das cláusulas pétreas.

b) Emenda constitucional rejeitada, o seu conteúdo poderá ser renovado na sessão subseqüente.

c) Emenda à Constituição Federal poderá ser proposta, sem quaisquer limites circunstancias, por mais da metade das Assembléias Legislativas das unidades da Federação.

d) Ao Presidente da República não compete sancionar emenda constitucional aprovada pelas duas Casas do Congresso Nacional.

Gabarito oficial: assertiva "d"

Realmente o constituinte, ao disciplinar o procedimento de exercício do poder constituinte derivado reformador que permite a alteração do Texto Constitucional, conferiu ao Presidente da República apenas a prerrogativa de iniciativa de proposta de emenda (art. 60,II). Não há na elaboração de emenda constitucional o procedimento de sanção ou veto. Depois da deliberação nas duas Casas (discussão e votação), a referida proposta será promulgada pelas Mesas.

Análise das outras assertivas

a) Incorreta. Constituem cláusulas pétreas, nos termos do § 4º do art. 60, especificamente no inciso IV, os direitos e garantias individuais e no inciso II as condições de exercício de soberania popular (direitos políticos).

Os direitos sociais constituem direitos fundamentais que tanto pode ser de titularidade individual como coletiva, mas não constituem cláusulas pétreas. No entanto, este entendimento não é pacífico. Temos alguns doutrinadores e Ministros do STF (Carlos Velloso e Marco Aurélio), que têm concepção diversa e que consideram que os direitos sociais, os direitos políticos e o direito à nacionalidade estariam protegidos "como pertencentes à categoria de direitos e garantias individuais, logo, imodificáveis" (ADIn nº 939-07/ DF).

Direito Constitucional
Análise das questões dos Concursos de Ingresso à Carreira do Ministério Público

41

b) Incorreta. A CF/88 estabelece de forma expressa e inequívoca que a matéria de proposta de emenda constitucional rejeitada ou havida por prejudicada não poderá ser objeto de nova proposta na mesma sessão legislativa (§ 5º artigo 60).

c) Incorreta. Poderá haver proposta de emenda constitucional por iniciativa de Assembléias Legislativas (maioria absoluta), conforme dispõe o inciso III do art. 60, ficando sujeita a limitações circunstanciais (§ 1º do art. 60) que impede a deliberação de proposta de emenda na vigência de intervenção federal, Estado de Defesa ou de Estado de Sítio.

Questão 50 – Assinale a alternativa correta:

O Procurador-Geral do Estado, na condição de chefe do Ministério Público estadual, era escolhido pelo titular do Poder Executivo dentre os membros do Superior Tribunal, na Constituição Rio-Grandense de:

a) 1935
b) 1947
c) 1891
d) 1843

Gabarito oficial: "c"

Constituição Política do Estado do Rio Grande do Sul de 14/07/1891

Art. 60 – Para o fim de representar e defender os interesses do Estado, os da justiça pública e os interditos e ausentes perante os juízes e tribunais, será instituído o Ministério Público, composto de um Procurador-Geral do Estado, nomeado pelo Presidente dentre os membros do Superior Tribunal e de promotores públicos, cujas atribuições serão definidas em lei.

Constituição Política do Estado do Rio Grande do Sul de 29/03/1892 (o Decreto de nº 24, de 29/03/1892 – promulgou provisoriamente a Constituição nunca votada pelo Colégio Constituinte)

Art. 61 – Fica instituído o Ministério Público:

§ 1º Pelo procurador-geral do Estado;

§ 2º Pelos promotores de comarca.

Art. 62 – Perante os juízes e tribunais, os interesses do Estado, os da justiça pública e os dos interditos e ausentes serão representados e defendidos pelo Ministério Público.

Constituição do Estado do Rio Grande do Sul de 27/06/1935

Art. 90 – Para o fim de representar e defender em juízo os interesses do Estado, da justiça pública, das pessoas incapazes e dos ausentes, é instituído o Ministério Público, composto de um Procurador-Geral do Estado, de um ou mais subprocuradores, de promotores públicos e de outros funcionários, cuja nomeação e atribuições serão reguladas em lei.

Art. 91 – O Procurador-Geral do Estado será nomeado pelo Governador dentre juristas de notável saber e reputação ilibada, maiores de trinta anos. Terá vencimentos iguais aos dos desembargadores, sendo, porém, demissível *ad nutum.*

Constituição do Estado do Rio Grande do Sul de 08/07/1947

Art. 126 – O Ministério Público, órgão da lei e fiscal de sua execução, defenderá em juízo os interesses da justiça pública, dos incapazes, dos ausentes e de quantos forem legalmente incumbidos, bem assim os do Estado, quando não houver outro órgão ou funcionários encarregados do ofício.

Art. 127 – O Ministério Público que tem por Chefe o Procurador-Geral, é constituído de procuradores, curadores, promotores de justiça e de outros funcionários, com atribuições fixadas em lei.

Art. 128 – O Procurador-Geral será nomeado pelo Governador, depois de aprovada a escolha pela Assembléia Legislativa, dentre bacháreis em direito, de notório merecimento e reputação ilibada, e terá vencimentos iguais aos de desembargador, sendo demissível *ad nutum.*

Constituição do Estado do Rio Grande do Sul de 14/05/1967

Art. 125 – O Ministério Público, órgão da lei e fiscal de sua execução, defenderá em juízo os interesses da justiça, dos incapazes, dos ausentes, da família e de quantos a lei determinar.

Art. 126 – O Ministério Público, sob a chefia do Procurador-Geral da Justiça, compõe-se de Procuradores e Promotores, com as atribuições fixadas em lei.

Art. 127 ...

Art. 128 – O Procurador Geral será nomeado em comissão pelo Governador do Estado depois de aprovada a escolha pela Assembléia, dentre membros do Ministério Público, de notório merecimento, e terá vencimentos iguais aos de Desembargador.

Constituição do Estado do Rio Grande do Sul de 27/01/1970

Art. 75 – O Ministério Público, órgão da lei e fiscal de sua execução, defenderá em juízo os interesses da Justiça, dos incapazes, dos ausentes, da família e de quantos a lei determinar.

Art. 78 – O Procurador-Geral de Justiça será nomeado em comissão pelo Governador, depois de aprovada a escolha pela Assembléia Legislativa, dentre bacharéis em Direito, de notório merecimento e reputação ilibada.

Constituição do Estado do Rio Grande do Sul de 03/10/1989

Art. 107 – O Ministério Público é instituição permanente, essencial à função jurisdicional do Estado, incumbindo-lhe a defesa da ordem jurídica, do regime democrático e de interesses sociais e individuais indisponíveis.

Direito Constitucional
Análise das questões dos Concursos de Ingresso à Carreira do Ministério Público

Art. 108 – O Ministério Público tem por chefe o Procurador Geral de Justiça, nomeado pelo Governador do Estado dentre integrantes da carreira, indicados em lista tríplice, mediante eleição, para mandato de dois anos, permitida uma recondução por igual período, na forma da lei complementar.

§ 1º Decorrido o prazo previsto em lei sem nomeação do Procurador-Geral de Justiça, será investido no cargo o integrante da lista tríplice mais votado.

§ 2º O Procurador-Geral de Justiça poderá ser destituído por deliberação da maioria absoluta da Assembléia Legislativa, nos casos e na forma da lei complementar estadual.

Questão 51 – Assinale a alternativa correta:

A sanção e promulgação de leis se distinguem, porque

a) a primeira é sempre ato do Presidente da República; a segunda nunca.

b) a primeira é constitutiva da lei; a segunda, meramente declaratória.

c) a primeira pode ser expressa; a segunda tácita.

d) a primeira pode ser substituída pelo veto total; a segunda pelo veto superável.

Gabarito oficial: "b"

Segundo doutrina prevalecente, o processo legislativo é constituído de três fases: 1ª) iniciativa; 2ª) constitutiva que compreende a deliberação parlamentar (discussão e votação) e a deliberação executiva (sanção ou veto); 3ª) complementar, quando temos a promulgação e a publicação. Com base em tal entendimento é correto afirmar que a sanção é constitutiva da lei (implica na aprovação pelo Poder Executivo do projeto de lei) enquanto a promulgação tem o caráter declaratório (atesta o nascimento da lei).

Análise das outras alternativas

a) Incorreta, uma vez que a promulgação tanto pode ser ato do Presidente da República como do Presidente do Senado ou do Vice-Presidente do Senado Federal (art. 66, § 7º).

c) Incorreta. A sanção tanto pode ser expressa quanto tácita, enquanto a promulgação será sempre expressa.

d) Incorreta, não há que se falar em qualquer outra forma de promulgação a não ser a expressa.

Questão 52. Assinale a alternativa correta:

A competência tributária da União, constitucionalmente prevista, é

a) reservada e plural.

b) concorrente e adstrita a normas gerais.

c) remanescente e absoluta.

d) expressa e residual.

Gabarito oficial: "d"

Efetivamente à União é deferida competência tributária expressa (art. 153) e competência tributária residual (art. 154, I). É oportuno lembrar que a CF/88 atribui também à União competência tributária extraordinária (art. 154,II) em circunstâncias previstas no próprio Texto (iminiência ou no caso de guerra externa).

Questão 53 – Assinale a assertiva correta:

a) A falta da norma regulamentadora, que torna inviável o exercício de direitos e liberdades constitucionais e das prerrogativas inerentes à nacionalidade, à soberania e à cidadania, será suprida por ação civil pública, intentada pelo Ministério Público.

b) São admissíveis, no processo as provas obtidas por meios ilícitos, quando por outro modo não for possível obtê-las.

c) Os direitos e garantias expressos na Constituição não excluem outros decorrentes do regime e dos princípios por ela adotados, ou dos tratados internacionais em que seja parte o Brasil.

d) Às presidiárias serão asseguradas condições para que possam permanecer com seus filhos durante o período de recreio.

Gabarito oficial: "c"

O § 2º do art. 5º estabelece o que a doutrina nomina como "conceito materialmente aberto dos direitos e garantias fundamentais". A partir de tal entendimento, podemos considerar que a enumeração dos direitos fundamentais na Constituição não é exaustiva, de onde temos os conceitos de:

– direitos fundamentais formalmente constitucionais (os expressamente previstos na Constituição enumerados no Título II ou esparsos);

– direitos fundamentais materialmente constitucionais (os previstos em normas infraconstitucionais, como em um tratado internacional).

De outro modo, com tal previsão a Constituição está a admitir direitos e garantias implícitas (deduzíveis do regime político e de outros princípios)

Análise das outras alternativas

a) Incorreta. Nos termos do Inciso LXXI do art. 5º, o constituinte de 1988 estabeleceu, pela primeira vez, o remédio constitucional denominado "mandado de injunção", que tem por objetivo tornar efetivos direitos e prerrogativas inerentes à nacionalidade, à soberania e à cidadania que exigem legislação integradora, indispensável para o exercício dos mesmos.

A "ação civil pública", além de figurar como uma das funções institucionais do Ministério Público, é instrumento adequado à proteção dos direitos difusos da sociedade.

b) Incorreta. No inciso LVI do art. 5°, temos a expressa determinação da não admissão, no processo, de provas obtidas por meios ilícitos. Considere-se que "prova ilícita" é toda aquela não admitida pelo Direito.

Adotam os nossos Tribunais, frente à prova ilícita, a teoria dos frutos da árvore envenenada (*fruits of the poisonous tree),* de onde a prova ilícita contamina as demais provas obtidas a partir dela.

Para os objetivos do presente trabalho, importa considerar as posições que o STF tem manifestado sobre a questão, de onde temos:

1) é lícita a prova obtida por meio de gravação de conversa própria, feita por um dos interlocutores, se vítima de proposta criminosa (HC 74-678; HC 75338);

2) é lícita a gravação de conversa realizada por terceiro, com a autorização de um dos interlocutores, sem o consentimento do outro, desde que para ser utilizada em legítima defesa (RE 212.081-2; HC 75338).

3) a confissão sob prisão ilegal é prova ilícita e, portanto, inválida a condenação nela fundada (HC 70 227-5)

4) é ilícita a prova obtida por meio de conversa informal do indiciado com policiais, por constituir "interrogatório" sub-reptício, sem as formalidades legais do interrogatório no inquérito policial e sem que o indiciado seja advertido do seu direito ao silêncio.

d) Incorreta. O inciso L do art. 5°, determina que serão asseguradas condições para que as presidiárias possam permanecer com seus filhos durante o período de amamentação.

Temos aqui um desdobramento da garantia de que a pena não pode ultrapassar a pessoa do réu, ou seja, os filhos não poderão ser prejudicados (o leite materno é indispensável à saúde da criança), pela conduta delituosa da mãe.

Questão 54 – Assinale a alternativa correta:

Compete à Assembléia Legislativa, em caráter exclusivo:

a) autorizar a instauração de processo, processar e julgar o Governador do Estado nos crimes comuns.

b) processar e julgar o Governador do Estado, depois de autorizada a instauração do processo, por dois terços dos seus membros, nos crimes de responsabilidade.

c) autorizar o Vice-Governador a afastar-se do Estado por mais de trinta dias, ou do País por qualquer tempo.

d) processar e julgar, nos crimes de responsabilidade, o Comandante da Brigada Militar.

Gabarito oficial: "b"

Trata-se aqui do denominado "processo de *impeachment*", processo esse de natureza política cuja competência é do Poder Legislativo.

O STF firmou entendimento que a definição formal dos crimes de responsabilidade se insere na competência exclusiva da União, de onde temos em vigor, devidamente recepcionada pela CF/88, a Lei nº 1.079/50, que, ao disciplinar o referido processo, dispõe que: *o Governador será julgado, nos crimes de responsabilidade, pela forma que determinar a Constituição do Estado* – art. 78. No § 3º do referido artigo, temos a previsão de que nos Estados, onde as Constituições não determinam o processo nos crimes de responsabilidade dos governadores, aplicar-se-á o disposto na lei em exame, devendo o julgamento ser proferido por um tribunal composto de cinco membros do Legislativo (Deputados Estaduais) e de cinco desembargadores, sob a presidência do Presidente do Tribunal de Justiça. A constituição desse tribunal será feita por eleição pela Assembléia Legislativa, para os representantes do Poder Legislativo e mediante sorteio para os representantes do Poder Judiciário.

A Constituição do Estado do Rio Grande do Sul prevê no art. 53 (competência exclusiva da Assembléia Legislativa) o juízo de admissibilidade e da competência para processar e julgar o Governador e o Vice-Governador nos crimes de responsabilidade. No parágrafo único do mesmo artigo, dispõe que o Presidente do Tribunal de Justiça presidirá a Assembléia Legislativa, no julgamento em estudo, limitando-se a condenação, que só será proferida pelo voto de dois terços dos integrantes da Casa, à perda do cargo, com inabilitação, por oito anos, para o exercício de função pública, sem prejuízo das demais sanções cabíveis.

Análise das outras alternativas

a) Incorreta. Tem a Assembléia Legislativa competência para, apenas, autorizar o Superior Tribunal de Justiça a processar e julgar o Governador de Estado, nos crimes comuns. A competência do STJ é definida no art. 105, I, *a* da CF/88.

c) Incorreta. Tomando a Constituição do Estado do Rio Grande do Sul temos a previsão de que cabe à Assembléia Legislativa autorizar o Governador e o Vice-Governador a afastarem-se do Estado por mais de 15 dias, ou do País por qualquer tempo (art. 53,IV)

Observação: a expressão "ou do País por qualquer tempo", está suspensa por cautelar concedida em Ação Direta de Inconstitucionalidade.

d) A competência da Assembléia Legislativa, para processar e julgar crimes de responsabilidade não tem caráter exclusivo no âmbito estadual e a Constituição vigente não prevê ao Comandante da Brigada Militar tal prerrogativa.

Direito Constitucional
Análise das questões dos Concursos de Ingresso à Carreira do Ministério Público

XXXIX Concurso de Ingresso à Carreira do Ministério Público do Rio Grande do Sul

Questão 42 – Assinale a assertiva correta:

a) Pode um empregado de empresa pública, ocupante de emprego do quadro de datilógrafos, ser promovido, por merecimento, ao emprego inicial da carreira de técnico-científico da mesma empresa.

b) Pelo sistema de repartição das competências legislativas, a lei federal complementar revoga a lei municipal ordinária, havendo contradição entre as mesmas.

c) Lei municipal ordinária pode alterar disposição de Lei Orgânica do Município, desde que não trate de matéria reservada à lei complementar.

d) A suspensão, pelo Senado Federal, da executoriedade de lei julgada inconstitucional pelo STF, acarretará a sua revogação.

e) A remuneração dos empregados de uma empresa pública federal não poderá ser superior à percebida pelos Ministros de Estado.

Gabarito oficial: "e"

O § 9° do art. 37 da CF/88, dispõe que às empresas públicas e às sociedades de economia mista e suas subsidiárias, que recebem recursos da União, dos Estados, do Distrito Federal ou dos Municípios para pagamento de despesas de pessoal ou de custeio em geral, deverão observar o disposto no inciso XI do mesmo artigo. Quanto à matéria, há que se considerar a modificação sofrida pelo Inciso XI do art. 37 pela EC n° 41/2003 que, ao contrário do texto anterior, estabelece teto único para remuneração no âmbito da União (subsídio mensal em espécie dos Ministros do STF), no âmbito dos Municípios (subsídio do Prefeito) e diversidade de teto no âmbito estadual (subsídio mensal do Governadorno – no âmbito do Poder Executivo; o subsídio dos Deputados Estaduais – no âmbito do Poder Legislativo; o subsídio dos Desembargadores – no âmbito do Poder Judiciário).

Análise das outras assertivas

a) Incorreta. O servidor de empresa pública, nos termos do art. 173 § 1°, II, da CF/88, será regido pela Consolidação das Leis do Trabalho (CLT), no entanto ingressa nos quadros da empresa via concurso público. A possibilidade de ingresso na carreira de técnico-científico por promoção, como prevê a assertiva em exame, é totalmente descabida.

b) Incorreta. Na estrutura federativa, onde temos a descentralização política com a reconhecida autonomia aos Entes-Federados, só há de se falar em hierarquia entre leis federais, estaduais ou municipais, quando do exercício de competência concorrente (art. 24) De outro modo, em nenhuma circunstância, haverá hierarquia entre espécies legislativas. Considerando o art. 59 da CF/88 que arrola as espécies legislativas (leis e atos normativos primários), excetuando a Emenda Constitucional, não há hierarquia entre as demais.

c) Incorreta. A Lei Orgânica do Município, deverá observar, quando de sua formulação, o disposto no art. 29 da CF/88, ou seja, será o projeto votado em dois turnos, com interstício mínimo de dez dias, e aprovada por dois terços dos membros da Câmara Municipal. Conseqüentemente, qualquer alteração na Lei Orgânica deverá observar procedimento específico.

d) Incorreta. O Senado Federal ao emitir a Resolução, conforme dispõe o X do art. 52, da CF/88, suspende a execução da lei ou ato normativo, mas não faz sua revogação.

Lembre-se que uma lei só pode ser revogada(retirada do ordenamento), por outra lei do mesmo órgão legislativo.

Questão 43 – Assinale a assertiva correta:

a) O mandato de Deputado Federal é de 4 anos e o de Senador, de 8 anos. Assim, as legislaturas das Casas do Congresso Nacional não são coincidentes.

b) A maioria relativa, na deliberação parlamentar, significa, em princípio, que apenas 1 (um) voto favorável pode aprovar a matéria submetida à votação.

c) Excepcionalmente, os Deputados Federais, nos Territórios, serão eleitos pelo sistema distrital misto.

d) A ação declaratória de constitucionalidade poderá ser proposta pelo Presidente da República, pelo Vice-Presidente da República, pelo Presidente do Senado, pelo Presidente da Câmara dos Deputados e pelo Procurador-Geral da República.

e) A Constituição Federal poderá ser emendada mediante proposta da maioria, do Presidente da República e de mais da metade das Assembléias Legislativas.

Gabarito oficial: "b"

Maioria relativa é a mesma maioria simples, quando se leva em conta o número de parlamentares presentes.

Registre-se que a CF/88 estabelece no art. 47 o "princípio da colegialidade" que implica a necessidade de estarem presentes, tanto no âmbito de uma Comissão como no Plenário da Casa, no mínimo a maioria absoluta do total, independente do *quorum* exigido para aprovação.

Análise das outras alternativas

a) Incorreta. O mandato do Deputado Federal é de 4 anos, ou seja corresponde a uma legislatura. O mandato do Senador da República é de 8 anos, correspondendo, portanto a duas legislaturas.

A legislatura tem duração de quatro anos (Parágrafo único do art. 44) e tem início em 1º de fevereiro do ano subseqüente às eleições gerais. Não há se falar em legislaturas distintas para Deputados e Senadores.

c) Incorreta. O art. 45 da CF/88 define o sistema eleitoral a ser observado na composição da Câmara dos Deputados, ou seja, o sistema proporcional.

Na composição das Assembléias Legislativas (§ 1º do art. 27), na composição da Câmara Legislativa do Distrito Federal (§ 3º do art. 32) e na composição da Câmara Municipal também será observado o sistema eleitoral proporcional.

d) Incorreta. A Ação Declaratória de Constitucionalidade que tem por finalidade uniformizar a interpretação de lei ou ato normativo federal, poderá ser impretada pelo Presidente da República, pela Mesa da Câmara dos Deputados, pela Mesa do Senado Federal ou pelo Procurador-Geral da República.

e) Incorreta. A iniciativa para propor emenda constitucional vem expressa nos incisos I, II e III do art. 60 da CF/88, de onde temos a competência de um terço, no mínimo, dos membros da Câmara dos Deputados ou do Senado Federal; o Presidente da República e a maioria absoluta das Assembléias Legislativas das unidades da Federação (13 Assembléias + a Câmara Legislativa do Distrito Federal ou 14 Assembléias Legislativas)

Questão 44 – Assinale a alternativa correta:

a) Os vereadores não podem ser processados criminalmente, salvo em flagrante de crime inafiançável.

b) Aos deputados estaduais aplicam-se as regras da Constituição Federal sobre licença parlamentar.

c) Pertencem aos Estados todas as ilhas fluviais e lacustres e à União, todas as ilhas oceânicas e costeiras.

d) No âmbito da legislação concorrente, a edição de lei federal posteriormente ao exercício, pelo Estado, da competência legislativa plena, na hipótese de colisão entre elas, tal conflito será de validade entre as duas leis.

e) Somente remanescem aos Estados poderes que explicitamente não lhes sejam vedados pela Constituição Federal.

Gabarito oficial: "b"

Aos Deputados Estaduais aplicam-se as regras da CF/88, não apenas quanto a licenças, mas também quanto aos sistema eleitoral, inviolabilidade, imunidades, remuneração, perda de mandato, impedimentos e incorporação às Forças Armadas, conforme dispõe o § 1º do art. 27. Têm, portanto, os Deputados Estaduais e Distritais as mesmas prerrogativas reconhecidas aos Parlamentares da União.

Observe-se, por necessário, que o foro competente para julgamento por crimes comuns é definido na Constituição Estadual.

Análise das outras alternativas

a) Incorreta. A CF/88 reconhece aos Vereadores apenas a inviolabilidade material (irresponsabilidade penal e civil) por opinião, palavras e votos, ficando restrito ao exercício do mandato (uma vez que o vereador pode acumular mandato com cargo ou função pública) e na base territorial do Município (art. 29, VIII).

c) Incorreta. O art. 26 ao arrolar os bens dos Estados, inclui entre eles as ilhas fluviais e lacustres não pertencentes à União (art. 26, III). Quanto à União, constituem seus bens as ilhas oceânicas e as costeiras, excluídas as que são de domínio dos Estados, Municípios ou lacustres (art. 20, IV).

d) Incorreta. Na competência concorrente é reconhecida à União a prerrogativa para estabelecer "normas gerais" e aos Estados e ao Distrito Federal, prerrogativa para legislarem de forma suplementar (complementar), devendo estas leis observarem aquela de competência da União (normas gerais).

Quando da inexistência de normas gerais, poderá o Estado (e também o Distrito Federal), disciplinar a matéria de forma plena. A superveniência de lei federal, estabelecendo normas gerais, exige a compatibilidade da lei estadual (ou distrital) com esta lei federal. Caso haja conflito, a lei estadual (ou distrital) terá suspensa sua eficácia com base na superioridade da lei federal. Temos aqui uma questão de ilegalidade, e não de validade (inconstitucionalidade) – art. 24 §§ 1º, 2º, 3º e 4º.

e) Incorreta. A CF/88, deferiu aos Estados-membros a denominada competência residual (remanescente ou reservada) de onde temos que será competência dos Estados tudo o que não se incluir entre as competências enumeradas ou implícitas da União e dos Municípios, nem incidir no campo das vedações constitucionais que limitam a atuação das entidades federadas.

Questão 45 – Assinale a alternativa correta:

As medidas provisórias com força de lei:

a) diversamente do decreto-lei do regime constitucional anterior, podem dispor sobre matéria tributária.

b) ao contrário dos referidos decretos-leis da Carta de 69, só têm eficácia depois de ratificadas pelo Congresso Nacional.

c) a exemplo dos decretos-leis da Carta de 69, perdem a eficácia, se não convertidas em lei, no prazo constitucional, mas a rejeição delas não implicará a nulidade dos atos praticados durante a sua vigência.

d) diferentemente dos decretos-leis da Carta de 69, perderão sua eficácia, desde a edição, se não forem convertidas em lei no prazo de 30 dias de sua publicação.

e) não podem ser reeditadas na mesma sessão legislativa.

Observação: a espécie normativa "medida provisória" teve sua disciplina constitucional alterada pela EC nº 32/2001, razão pela qual faremos a análise das alternativas considerando o novo regime jurídico.

Alternativa **"a"** – o § 2º do art. 62 estabelece regra específica sobre a produção de efeitos da medida provisória que institua ou majore impostos, determinando:

1) na instituição ou majoração de impostos que a Constituição não impõe a observância do princípio da anterioridade, a medida provisória produzirá efeitos desde a sua edição;

2) na instituição ou majoração de impostos protegidos pela garantia da anterioridade (imposto sobre renda e proventos de qualquer natureza, impostos sobre propriedade territorial rural), a medida provisória só produzirá efeitos no exercício financeiro seguinte se houver sido convertida em lei até o último dia daquele em que foi editada.

Alternativa **"b"** – a assertiva está incorreta, uma vez que a medida provisória tem eficácia pelo prazo de sessenta dias a partir de sua publicação.

Alternativa **"c"** – os decretos-leis, se não apreciados pelo Congresso Nacional no prazo de 45 dias, eram considerados aprovados "por decurso de prazo". As medidas provisórias, se não forem convertidas em lei no prazo constitucional estabelecido, perderão sua eficácia desde a edição (*ex tunc*), mas as relações havidas em sua vigência serão disciplinadas por decreto legislativo (emitido pelo Congresso Nacional).

Alternativa **"d"** – esta alternativa proposta é a correta segundo o gabarito oficial, está prejudicada pela reforma constitucional quanto ao prazo de eficácia da medida provisória que hoje é de 60 dias, prorrogáveis por igual prazo (§ 3º do art. 62).

Alternativa **"e"** – nos termos do regime jurídico da medida provisória hoje vigente, a alternativa em análise está correta, conforme dispõe o § 10 do art. 62.

A possibilidade de a matéria objeto de disciplina por medida provisória que tenha sido rejeitada ou que tenha perdido a eficácia por decurso de prazo vir a ser disciplinada por aquela modalidade normativa só poderá ocorrer em sessão legislativa futura (não confunda reedição com prorrogação!).

Questão 46 – Assinale a alternativa correta:

Declarada a inconstitucionalidade de lei pelo STF, a eficácia *erga omnes* da decisão dependerá da suspensão de sua execução pelo Senado Federal:

a) com a sanção do Presidente da República.

b) só quando for estadual a lei declarada inválida.

c) só quando se tratar de declaração incidente de inconstitucionalidade.

d) quer se cuide de declaração incidente, quer de ação genérica.

e) com o veto do Presidente da República.

Gabarito oficial: "c"

Efetivamente, o STF só encaminhará ao Senado Federal, para que ocorra a suspensão de excução de lei, quando esta foi declarada inconstitucional na via incidental (quando o efeito da declaração será, apenas, *inter partes*) A Resolução do Senado Federal, suspendendo a execução da lei viciada, terá efeito *erga omnes*, desobrigando a todos.

Análise das outras alternativas

a) Incorreta. O Presidente da República só sanciona projeto de lei, o que não é o caso.

b) Incorreta. A competência do STF, no controle por via incidental, não fica reduzida à apreciação apenas de leis estaduais.

d) Incorreta. Quando o STF, através de uma ação genéria (principal) examina a compatibilidade da lei ou do ato normativo com a Constituição, o efeito da decisão tem alcance *erga omnes* (tem força geral, contra todos), dispensando, portanto, qualquer atuação do Senado Federal. O mesmo não ocorre quando o exame é feito pela via incidental, conforme observamos no comentário feito em relação à alternativa "c".

e) Incorreta. A exemplo da alternativa "a" não existe nem sanção, nem veto, quando do procedimento de controle de constitucionalidade efetivado pelo STF.

Questão 47 – Assinale a alternativa correta:

Findo o mandato legislativo, os ex-Deputados Federais:

a) perdem a inviolabilidade pelas opiniões, palavras e votos, que hajam proferido durante o exercício dele.

b) não podem ser processados, por fatos praticados durante o exercício do mandato, sem prévia licença da Câmara.

c) podem ser processados no foro comum, por fatos praticados durante o exercício do mandato, independentemente de licença da Câmara.

d) podem ser processados, no foro comum, por fatos praticados durante o exercício do mandato, cessando a competência do STF, por prerrogativa de função.

e) não podem ser processados no foro cível.

Gabarito oficial: "c"

O STF cancelou a Súmula 394, que consagrava o prevalecimento da competência especial por prerrogativa de função, ainda que o inquérito ou a ação penal fossem iniciados após a cessação do exercício funcional.

A Lei nº 10 628/2002, no entanto, alterou o alcance temporal do foro privilegiado (ou especial), assim dispondo:

A competência especial por prerrogativa de função, relativa a atos administrativos do agente, prevalece ainda que o inquérito ou a ação judicial sejam iniciados após a cessação do exercício da função pública.

Devemos observar, ainda, que após a EC 35/2001, que alterou o art. 53 e parágrafos da CF/88, não mais será necessária autorização da Casa Legislativa para que o STF processe e julgue parlamentar.

Análise das outras alternativas

a) – Incorreta. A denominada imunidade material (inviolabilidade, imunidade real ou substantiva) protege os parlamentares por opiniões, palavras e votos. Significa tal imunidade que é de ordem pública (irrenunciável) que não poderá resultar nenhuma responsabilidade, seja na esfera penal, civil, administrativa ou disciplinar, desde que tais manifestações sejam relacionadas com o exercício da atividade legislativa. Não há que se falar, assim, em responsabilidade após o término do mandato pelas manifestações protegidas.

b) Incorreta. Pela EC nº 35/2001, os Deputados e Senadores, desde a expedição do diploma, serão submetidos a julgamento perante o STF, não havendo mais a condição de prévia autorização da Casa a que pertence o parlamentar.

Considerando as alterações trazidas pela referida Emenda, o STF, recebendo denúncia contra Senador ou Deputado, por crime praticado após a diplomação, deverá dar ciência à Casa (§ 3º do art. 53).

d) Incorreta. Foro por prerrogativa de função, uma vez fixado pela Constituição, implica que a autoridade não mais responderá perante a justiça de primeiro grau. Por força da Lei 10.628/2002, findo o mandato, é mantida a prerrogativa de foro (a lei citada é objeto de ADIn em tramitação no STF).

e) Incorreta, conforme o gabarito oficial. Cabe, no entanto, algumas observações:

1) o STF havia firmado orientação no sentido de que o foro privilegiado abrange, apenas, ações de natureza penal;

2) a Lei 10.628/2002 alterou o alcance material do foro, passando a garantir que a ação de improbidade deverá ser julgada pelo foro privilegiado da autoridade;

3) a Lei 10.628/2002 nada dispôs sobre o julgamento da ação civil pública e da ação popular. O STF tem entendimento de que o foro de prerrogativa de função não as contempla, devendo, por este motivo, serem julgadas pela justiça ordinária.

Questão 48 – Assinale a alternativa correta:

Falecendo o Presidente da República:

a) assumirá a Presidência o Vice-Presidente da República, realizando-se a eleição do sucessor definitivo do Presidente, noventa dias após a abertura da vaga.

b) estando vago, anteriormente, o cargo de Vice-Presidente, far-se-á eleição para ambos os cargos.

c) o Vice-Presidente sucederá ao Presidente morto, fazendo-se nova eleição para a vice-presidência.

d) na segunda metade de seu mandato e estando vaga a Vice-Presidência, o Presidente da Câmara dos Deputados sucederá ao Presidente morto.

e) assume, definitivamente, o Presidente do Senado Federal.

Gabarito oficial: "b"

A CF/88 estabelece, no artigo 81, que vagando os cargos de Presidente e de Vice-Presidente, far-se-á eleição. Estabelece, ainda, o Texto que se a vacância ocorrer nos últimos dois anos do mandato, a eleição, para ambos os cargos, será indireta (feita pelo Congresso Nacional), se faltar mais de dois anos para o término do mandato, teremos eleições diretas. Em qualquer das modalidades, os eleitos completarão o mandato.

Análise das outras alternativas

a) Incorreta. Falecendo o Presidente da República, o Vice-Presidente assumirá o cargo e completará o mandato na condição de sucessor (art. 79).

c) Incorreta. O Vice-Presidente, sucedendo o Presidente falecido, não há por que termos eleições para a Vice-Presidência, uma vez que, em eventuais afastamentos daquela autoridade o cargo será ocupado pelo Presidente da Câmara de Deputados, ou pelo Presidente do Senado, ou, ainda, pelo Presidente do STF.

d) Incorreta. Aplica-se a regra determinada no art. 81 da CF/88, ou seja, a vacância nos dois cargos, levará a realização de eleições.

e) Incorreta. A possibilidade de o Presidente do Senado Federal vir a assumir em definitivo a Presidência da República, por vacância, não tem previsão constitucional.

Questão 49 – Assinale a alternativa correta:

A Constituição brasileira é:

a) flexível, porque admite a sua reforma para implantação do parlamentarismo.

b) rígida, porque a sua alteração depende de processo diverso daquele da legislação ordinária.

c) pluralista, porque reparte competências entre a União, os Estados e os Município.

d) democrática, porque sua reforma depende sempre de plebiscito.

e) ortodoxa, porque tem uma só diretiva econômica e admite o intervencionismo estatal.

Gabarito oficial: "b"

Para um estudo mais sistemático, analisaremos as diferentes características apontadas nas diferentes alternativas.

1. *Constituição flexível*: quanto à estabilidade, é aquela que admite modificação pelo mesmo processo legislativo observado para lei ordinária;

2. *Constituição rígida*: quanto à estabilidade, aquela que exige um processo especial para modificação de seu conteúdo;

3. *Constituição pluralista*: a que consagra a chamada democracia pluralista onde temos a convivência de várias correntes sociais, políticas, econômicas, ideológicas e culturais;

4. *Constituição democrática:* aquela elaborada com a participação popular, na forma de democracia direta ou de democracia representativa;

5. *Constituição ortodoxa:* aquela que estabelece uma única ideologia (por exemplo, a Constituição Soviética de 1947; a Constituição Chinesa vigente).

A CF/88 pode ser classificada como: democrática, escrita, dogmática, rígida, formal, normativa, dirigente (ou programática) e analítica.

Questão 50 – Assinale a assertiva incorreta:

a) O Tribunal de Justiça do Estado é competente para julgar, por maioria dos presentes, a constitucionalidade de lei complementar estadual em conflito com a Constituição estadual.

b) Entre nós brasileiros, não haverá pena de galés.

c) O fundamento político-constitucional da soberania dos veredictos, no júri, a par de outros, reside em estar o povo diretamente exercendo o poder de julgar.

d) O direito de propriedade intelectual de autor é vitalício, mas o direito hereditário dele decorrente pode ser constitucionalmente temporário ou vitalício.

e) A nacionalidade é vínculo de pertinência de alguém a um determinado Estado; a cidadania qualifica os participantes da vida do Estado.

Gabarito oficial "a"

Tem o Tribunal de Justiça do Estado competência para julgar ação que questione a constitucionalidade de lei ou ato normativo estadual ou municipal conflitante com a Constituição Estadual (art. 125, § 2º, da CF/88), devendo, no entanto, observar o "princípio de reserva de plenário", estabelecido no art. 97 da CF/88, que determina *o quorum* de maioria absoluta para que tenhamos a declaração de inconstitucionalidade de preceito legal.

Análise das outras assertivas

b) Correta. No inciso XLVI do art. 5º, o constituinte, além de estabelecer o princípio constitucional criminal da individualização da pena, diz das penas permitidas, não havendo entre elas a de galés.

c) Correta. O inciso XXXVIII, alínea "c" do art. 5º, diz da soberania dos veredictos quando da atuação do júri popular. Considerando a natureza do tribunal do júri (órgão colegiado, heterogêneo e temporário), é correto afirmar que esta, como as demais garantias quanto às suas decisões, decorre do exercício direto dos cidadãos (da sociedade civil).

Ressalte-se que o princípio constitucional processual penal da soberania dos veredictos não significa onipotência ilimitada. Consiste, tão-só, no impedimento que o órgão jurisdicional possa vir a sobrepor-se às decisões do júri (o que implicaria na violação *da potestas decisorum* do Tribunal do Júri).

d) Correta. O direito de propriedade intelectual do autor está compreendido no direito de ser proprietário. Diz o Texto que aos autores pertence o direito exclusivo de utilização, publicação ou reprodução de suas obras. De outro modo, tal direito é transmissível aos herdeiros pelo tempo que a lei venha a fixar.

e) Correta. A nacionalidade é vínculo jurídico-político que liga um indivíduo a um determinado Estado, fazendo com que esse indivíduo desfrute de direitos e submeta-se a obrigações. Na lição de Pontes de Miranda: "a nacionalidade faz da pessoa um dos elementos componentes da dimensão pessoal do Estado."

A cidadania confere ao nacional (a nacionalidade é condição para o exercício da cidadania) capacidade para atuar politicamente, de forma direta ou indireta. Não fica o cidadão, no entanto, restrito à capacidade de votar (capacidade eleitoral ativa) e de ser votado (capacidade eleitoral passiva), tem ele o direito à participação na vida política. Constituem os direitos políticos, direito subjetivo de participação política.

XL Concurso de Ingresso à Carreira do Ministério Público do Rio Grande do Sul

Questão 41 – Assinale a alternativa correta:

Os países que adotam Constituições codificadas, aderindo destarte ao princípio de supremacia constitucional, têm como fonte direta e principal de direito constitucional:

a) as normas emanadas do poder constituinte originário e do poder constituinte instituído de revisão.

b) o costume "secundum et praeter constitutionis".

c) as práticas decorrentes dos partidos políticos.

d) a jurisprudência do órgão encarregado de sua guarda.

e) nenhuma das alternativas anteriores está correta.

Gabarito oficial: "a"

Efetivamente, a Constituição (como ordenamento supremo do Estado) é produto, de primeiro, de uma Assembléia ou Congresso que exerce o poder constituinte originário (poder este que faz a Constituição e não se prende a limites formais, sendo essencialmente político ou extrajurídico). É inicial – inaugura uma ordem jurídica – ilimitado, incondicionado e soberano. Decorre desse poder o poder constituinte derivado (identificado na doutrina como poder constituído; instituído; reformador), que será essencialmente jurídico e que tem por finalidade a reforma da Constituição (sua atualização e/ou adequação às mudanças que ocorrem na sociedade). A previsão do exercício do poder constituinte derivado fundamenta-se na idéia de que o povo tem sempre o direito de rever e reformar a Constituição. Assim como terá o direito de promover mudanças profundas através do exercício do poder constituinte originário.

Análise das outras alternativas

b) Incorreta. Como o enunciado da questão proposta limita-se aos países que adotam Constituições codificadas ("escritas", contidas em documento específico solenemente estabelecido), não terá como fonte direta e principal do direito constitucional o costume.

Direito Constitucional
Análise das questões dos Concursos de Ingresso à Carreira do Ministério Público

c) Incorreta. A missão dos partidos políticos é de assegurar, no interesse do regime democrático, a autenticidade do sistema representativo (segundo Bobbio, no Estado Democrático, não podem se utilizar da "democracia" como mero instrumento de tomada do poder) não serão, as práticas decorrentes dos partidos políticos que constituirão fonte direta e principal do direito constitucional.

d) Incorreta. Dentro de um sistema assentado no princípio da supremacia da Constituição, será esta que vai estabelecer outorga para um ou outro Órgão efetivar o controle de constitucionalidade (verificação da compatibilidade da lei ou ato normativo com o Texto). As decisões jurisprudenciais decorrentes de tal prerrogativa não constituirão fonte do direito constitucional.

Questão 42 – Assinale a alternativa correta:

Quando o STF apreciar a ação direta de inconstitucionalidade, citará previamente:

a) o Procurador-Geral da República.

b) a Procuradoria da Fazenda Nacional.

c) o Poder Legislativo, pois é sua competência elaborar leis.

d) o Advogado-Geral da União.

e) nenhuma das alternativas anteriores está correta.

Gabarito oficial: "d"

A CF/88, no § 3º do art. 103, preceitua que quando o STF apreciar a inconstitucionalidade em tese (controle abstrato) de lei ou ato normativo, citará, previamente, o Advogado-Geral da União, que defenderá o ato ou texto impugnado.

A respeito da atuação do Advogado-Geral da União, é oportuno trazer à colação a posição do STF, com suas particularidades:

– aquela Corte firmou entendimento de que o Advogado-Geral da União, no processo de ADIn por Ação, não atua na sua função ordinária como representante judicial da União. Trata-se, de modo particular, da função de defesa da presunção de constitucionalidade da lei, independentemente de sua origem, se federal ou estadual. Atua como verdadeiro curador (*defensor legis*) da lei atacada, velando pela sua integridade e validez jurídicas no âmbito do sistema de direito positivo. Entendeu o STF que se trata de uma atuação processual plenamente vinculada não podendo ostentar posição contrária ao ato estatal impugnado, "sob pena de frontal descumprimento da função indisponível que lhe foi imposta pela Constituição".

– a posição taxativa vem, no entanto, sendo amenizada por posições que admitem que o Advogado-Geral da União pode deixar de exercer sua função constitucional de "curador" quando a matéria já tenha sido declarada inconstitucional pela Corte. Assim, na ADIn 2847-DF (que tem por objeto Lei Distrital que institui e regulamenta a Loteria Social do Distrito Federal), o relator Min. Carlos Velloso considerou: "o ilustre Advogado-Geral da União, Dr Álvaro Augusto Ribeiro Costa, manifestou-se no sentido de que 'a estrita observância à jurisprudência dessa Excelsa Corte conduz ao entendimento de que a legislação distrital instituidora e regulamentadora de loteria não se coaduna com a diretriz estabelecida sobre essa matéria na Constituição da República' (Informativo nº 356)". No caso específico o Advogado-Geral da União faz referência a decisão do STF quanto a competência da União para legislar privativamente sobre "sistemas de consórcios e sorteios", uma vez que as loterias estão abrangidas pela terminologia "sorteios" usada pela Constituição. Como se trata de competência privativa da União (art. 22, XX) e como não há Lei Complementar delegando competência aos Estados e ao Distrito Federal para legislarem sobre a matéria, temos aí uma inconstitucionalidade por usurpação de inciativa.

Entenda-se que o STF admitiu que o Advogado-Geral da União deixasse de cumprir sua função, de defensor da lei, pela existência de manifestação anterior da Corte quanto à inconstitucionalidade pela inobservância da regra de competência. Observe-se que tal comportamento do STF é de caráter excepcional e bastante restrito.

Análise das outras alternativas

a) Incorreta. O Procurador-Geral da República age como fiscal da Constituição, sem outra finalidade senão a de defender o ordenamento constitucional contra as leis com ele incompatíveis. Tem o parecer, previsto no § 1º do art. 103, natureza opinativa. Registre-se que o STF tem o entendimento de que como se trata de um procedimento formal, estabelecido de forma taxativa pela Constituição, mesmo quando o Procurador-Geral da República é o autor da ação, deverá se manifestar. É preservado a ele o direito de opinar a respeito do cabimento da ação.

b) Incorreta, por não ser a Procuradoria da Fazenda Nacional competente para tal atuação.

c) Incorreta. Efetivamente, cabe ao Poder Legislativo a elaboração da lei, no entanto não haverá sua citação na ação direta de inconstitucionalidade. Nos termos da Lei nº 9868/99, o relator pedirá informações aos órgãos ou às autoridades das quais emanou a lei ou o ato normativo impugnado. Se for o caso, o Poder Legislativo apresentará as informações requeridas (especificamente a justificativa/ justificação da emissão da lei).

Questão 43 – Assinale a alternativa correta:

As normas constitucionais de princípio institutivo são:

a) de eficácia plena e aplicabilidade imediata e integral.

b) de eficácia contida e aplicabilidade imediata e não integral.

c) auto-executáveis.

d) não-bastantes em si.

e) nenhuma das alternativas anteriores está correta.

Gabarito oficial: "d"

Na classificação de José Afonso da Silva (Teoria acolhida pelo STF), as normas constitucionais de princípio institutivo (ou organizativo) estão entre as denominadas "normas constitucionais de eficácia limitada", que têm aplicabilidade mediata. Espécie que na doutrina de Pontes de Miranda corresponde às "não-bastantes em si" (*not self-executing*).

Análise das outras alternativas

a) Incorreta. Como vimos, no comentário anterior, tais normas estão classificadas como de eficácia limitada. As normas de eficácia plena são, na definição de José Afonso: *aquelas que, desde a entrada em vigor da Constituição, produzem, ou têm possibilidade de produzir, todos os efeitos essenciais relativamente aos interesses, comportamentos e situações que o legislador constituinte, direta e normativamente, quis regular.* Tais normas não exigem a elaboração de leis que lhes completem o alcance e o sentido, ou lhes fixem o conteúdo, porque já se apresentam suficientemente explícitas na definição dos interesses nelas regulados. São normas, portanto, de aplicabilidade direta, imediata e integral.

b) Incorreta. As normas de eficácia contida (ou prospectiva) têm aplicabilidade imediata, mas permitiu uma atuação retritiva por parte do Poder Público. Admitem a contenção de sua eficácia mediante legislação futura ou outros meios (contida pela eficácia de outras normas constitucionais – art. 5°,VIII; por circunstâncias – art. 5°, XI; por conceitos éticos-juridicizados – ordem pública, paz social). É importante salientar que enquanto não materializado o fator de restrição, a norma tem eficácia plena.

c) Incorreta. A expressão "auto-executáveis" (Rui Barbosa), diz da aplicabilidade imediata da norma, o que não ocorre com as normas constitucionais de princípio institutivo, objeto da questão em análise.

Questão 44 – Assinale a alternativa correta:

O fenômeno que os constitucionalistas de escol chamam de "desconstitucionalização" das normas constitucionais de uma Constituição revogada significa:

a) que tais normas sairam do mundo jurídico.

b) que tais normas já não são válidas e eficazes.

c) que tais normas pemanecem no mundo jurídico como ordinárias.

d) que tais normas repristinaram automaticamente.

e) nenhuma das alternativas anteriores está correta.

Gabarito oficial: "c"

O fenômeno da "desconstitucionalização" afirma a possibilidade de sobrevivência de certos dispositivos da Constituição revogada pela vigência da nova, na condição de leis ordinárias. Tais normas, por esse processo, perderiam o *status* constitucional e passariam a ser, no novo ordenamento, leis infraconstitucionais.

A doutrina está dividida quanto à forma como ocorre o fenômeno. Alguns (Ponte de Miranda, Manoel Gonçalves Ferreira Filho, José Afonso da Silva) entendem que com o silêncio da nova Constituição e não havendo conflito entre a disposição constitucional do Texto revogado e o novo Texto, aquela disposição, automaticamente, continuaria a viger como lei ordinária. Teríamos, assim, uma "desconstitucionalização tácita". Outros (Jorge Miranda, Celso Ribeiro Bastos) dizem da imperiosidade de previsão para que possa ocorrer a sobrevida de alguma disposição da Constituição revogada, agora na condição de lei ordinária. Tais doutrinadores só admitem a "desconstitucionalização expressa".

Análise das outras alternativas

a) Incorreta. A desconstitucionalização não pode ser confundida com a revogação, quando ocorreria a saída do mundo jurídico.

Quando uma Constituição entra em vigor, a Constituição anterior é revogada, desaparecendo do ordenamento, ou seja, perdendo sua potencialidade de conferir validade do ordenamento infraconstitucional.

b) Incorreta. O efeito da descontitucionalização não implica a retirada da validade ou da eficácia das normas da Constituição revogada.

d) Incorreta. O efeito da desconstitucionalização não pode ser confundido com a repristinação. Por esta teríamos uma espécie de ressurgimento, ou restauração de vigência, da lei anteriormente revogada, de maneira tácita (pela declaração de inconstitucionalidade por Órgão competente) ou quando da vigência da nova Constituição por não ser conflitante com esta (considere-se, aqui, a chamada "repristinação constitucional"). A doutrina admite a "repristinação constitucional" desde que haja expressa e inequívoca previsão.

Questão 45 – Assinale a alternativa correta:

A "Doutrina dos Poderes Implicítos", construída pela Suprema Corte dos Estados Unidos da América ao decidir o caso McCulloch vs. Maryland, em 6 de março de 1819, significou, para os posteriores estudos de Direito Constitucional:

a) ser possível desaplicar a Constituição no caso concreto.

b) que poderes delegados à União não se exaurem nos poderes expressos.

c) que os poderes remanescentes dos Estados podem paralisar os da União.

d) que os Municípios têm poderes residuais.

e) nenhuma das alternativas anteriores está correta.

Gabarito oficial: "b"

A "Teoria dos Poderes Implicítos", como afirma o enunciado da questão, foi desenvolvida pelo constitucionalismo norte-americano e tem por fundamento o corolário de que, para cada poder outorgado pela Constituição a um Órgão Estatal, são implicitamente conferidos amplos poderes para o seu exercício. Ou seja, toda vez que a Constituição outorga um poder, implicitamente, estão reconhecidos todos os meios necessários a sua efetivação, desde que haja comprovada adequação entre meio e fim (razoabilidade). Em linguagem direta, a teoria é resumida na expressão "quem pode o mais, pode o menos".

Análise das outras alternativas

As alternativas "a", "c", "d" – são assertivas que não guardam qualquer relação com a Teoria objeto do questionamento.

Questão 46 – Assinale a alternativa correta

São privativos de brasileiros natos os seguintes cargos, exceto:

a) Presidente da República e Presidente da Câmara dos Deputados.

b) Presidente da Câmara dos Deputados e Presidente do Senado Federal.

c) Ministro do STF e oficial das Forças Armadas.

d) Ministro de Estado e Governador de Estado.

e) nenhuma das alternativas anteriores está correta.

Gabarito oficial: "d"

A CF/88, em seu § 2º do art. 12, expressamente determina que "a lei não poderá estabelecer distinção entre brasileiros natos e naturalizados, salvo nos casos previstos nesta Constituição". Como o Texto estabelece possibilidade de restrição, esta será na própria Constituição, de onde temos:

1º) os cargos privativos de brasileiro nato – Presidente e Vice-Presidente da República; Presidente da Câmara dos Deputados; Presidente do Senado Federal; Ministros do STF; integrantes de Carreira Diplomática; oficiais das Forças Armadas; Ministro de Estado da Defesa;

2º) na composição do Conselho da República, a representação da sociedade civil será feita por seis cidadãos brasileiros natos (art. 89, VII);

3º) a proteção conferida ao brasileiro nato quanto à impossibilidade de ser extraditado, enquanto o naturalizado estará sujeito em caso de crime comum, praticado antes da naturalização, ou de comprovado envolvimento em tráfico ilícito de entorpecentes e drogas (art. 5º, LI);

4º) para que o naturalizado possa ser proprietário de empresa jornalística e de radiodifusão sonora e de sons e imagens, ele precisa ter esta condição há mais de dez anos (art. 222).

Conforme o gabarito oficial, não são privativos de brasileiro nato, os cargos de Ministro de Estado. Devemos considerar, no entanto, que após a Emenda Constitucional nº 23, de 02/09/99, o cargo de Ministro de Estado da Defesa é privativo de brasileiro nato. Quanto à referência da alternativa correta a Governador de Estado, não há nenhuma alteração quanto à exigência de ser brasileiro nato (basta ter a nacionalidade brasileira como condição de elegibilidade).

Questão 47 – Assinale a aleternativa correta:

a) O Governador de Estado poderá licenciar-se do cargo para assumir o cargo de Ministro de Estado.

b) O Governador de Estado que assumir cargo ou função pública, desde que aprovado em concurso público, não perderá o cargo.

c) O Governador de Estado, depois de tomar posse, jamais perderá o mandato previsto de 4 anos.

d) Pode-se compatibilizar o cargo de Governador de Estado com um de Ministro de Estado.

e) nenhuma das alternativas anteriores está correta.

Gabarito oficial: "b"

A CF/88, em seu art. 28 § 1º, resguarda a possibilidade de o Governador tomar posse, sem perder o mandato, em cargo ou função pública, quando em virtude de concurso público.

Análise das outras alternativas

a) Incorreta. Nos termos do dispositivo que fundamenta a alternativa correta (§ 1º do art. 28), se o Governador assumir qualquer outro cargo ou função na administração pública, perderá seu mandato.

Direito Constitucional
Análise das questões dos Concursos de Ingresso à Carreira do Ministério Público

c) Incorreta. O Governador de Estado estará sujeito à perda de mandato, tanto por decisão judicial (STJ, art. 105, I, *a*) como por decisão política (processo de *impeachment*).

Observação: entendimento do STF quanto ao alcance da expressão "crimes comuns" – art. 105,I, *a* – "na linguagem constitucional é usada em contraposição aos impropriamente chamados crimes de responsabilidade, cuja sanção é política, e abrange, por conseguinte, todo e qualquer delito, entre outros os crimes eleitorais" (CJ 6 971, STF/ Pleno – RTJ 138/93).

d) Incorreta. No sistema constitucional vigente, a regra diz da impossibilidade do detentor de um mandato exercer concomitantemente outro cargo ou função (como seria o de Ministro de Estado).

A CF/88, no art. 38, III, prevê a possibilidade única do exercício de mandato com cargo, emprego ou função pública. Tal prerrogativa é deferida ao Vereador, desde que haja compatibilidade de horários.

De outro modo, o art. 56,I (esta regra também é aplicada aos Deputados Estaduais e Distritais) dispõe que não perderá o mandato o parlamentar investido no cargo de Ministro de Estado, Governador de Território, Secretário de Estado, do Distrito Federal, de Prefeitura de Capital ou Chefe de missão diplomática temporária. Naturalmente, o parlamentar deverá afastar-se (licenciar-se) do mandato, podendo optar pelo subsídio deste.

Observar que, com o cancelamento da Súmula 4 – STF, não ocorre perda de mandato, mas, enquanto no exercício de outro cargo ou função não tem as imunidades parlamentares (HC 78.093-AM-11/12/98 e Inf. 135/STF).

Questão 48 – Assinale a alternativa correta:

Entende-se por legislatura:

a) cada ano de mandato parlamentar.

b) as sessões legislativas ordinárias e extraordinárias.

c) o período de quatro anos em que o parlamentar exerce seu mandato, no caso de deputado, ou metade do mandato, no caso de senador.

d) o poder e o ato de fazer leis.

e) nenhuma das alternativas está correta.

Gabarito oficial: "c"

A CF/88, no Parágrafo Único do art. 44, estabelece que *"cada legislatura terá a duração de quatro anos"*. Analisando sistematicamente a Constituição, encontramos no § 4º do art. 57 a disciplina quanto às reuniões do Legislativo, onde estão previstas reuniões preparatórias, para a posse dos parlamentares e eleição das Mesas, a partir de 1º de fevereiro, no primeiro ano da legislatura. Se a posse ocorre em 1º de fevereiro do ano subseqüente à eleição, o mandato do deputado, que é de 4 anos, corresponderá a uma legislatura, e o de senador, que é de 8 anos, a duas legislaturas (ou uma legislatura corresponderá à metade do mandato de senador).

Análise das outras alternativas

a) Incorreta, conforme o exposto no comentário feito à alternativa "c".

b) Incorreta. É oportuno registrar, para melhor entendimento:

1º) *sessão legislativa anual* (ou ordinária) é o período compreendido entre 15 de fevereiro a 30 de junho e de 1º de agosto a 15 de dezembro;

2º) uma *legislatura*, é composta por quatro *sessões legislativas ordinárias*, onde ficam agendados os trabalhos ordinários das Casas legislativas;

3º) *sessões extraordinárias*, ocorrem no período de recesso do Poder Legislativo (julho e de 16/12 a 14/02) e nas circunstâncias expressas no art. 57 § 6º CF/88;

4º) *sessões ordinárias da Casa*, ocorrem ao longo da semana, correspondendo a cada uma das reuniões do plenário da Casa;

5º) *sessões legislativas extraordinárias*, são períodos extra de trabalho que ocorrem em reuniões de plenário marcadas para dias ou horários diferentes das sessões ordinárias.

d) Incorreta. O poder de fazer leis constitui a função típica do Poder Legislativo denominada como "função legiferante". O ato de fazer leis corresponde ao processo legislativo constituído pelas fases introdutória, constitutiva e complementar.

Questão 49 – Assinale a alternativa correta:

Com relação a tributos, é vedado à União, exceto:

a) instituir tributo que não seja uniforme em todo o território nacional.

b) conceder incentivos fiscais destinados a promover o equilíbrio do desenvolvimento sócio-econômico entre as diferentes regiões do país.

c) tributar a renda das obrigações da dívida pública dos Estados, do Distrito Federal ou dos Municípios.

d) instituir isenções de tributos da competência dos Estados, do Distrito Federal ou dos Municípios.

e) nenhuma das alternativas anteriores está correta.

Gabarito oficial: "b"

O art. 151, I, ao dispor sobre vedações impostas à União em sua competência tributária, estabelece uma exceção quanto à uniformidade no território nacional ao admitir a *concessão de incentivos fiscais destinados a promover o equilíbrio do desenvolvimento sócio-econômico entre as diferentes regiões do País*.

A possibilidade de a União fazer concessão de incentivos fiscais com a finalidade de promover desenvolvimento socioeconômico viabiliza o cumprimento de objetivos fundamentais estabelecidos no art. 3º da CF/88 (II – garantir o desenvolvimento nacional; III – erradicar a pobreza e a marginalização e reduzir as desigualdades sociais e regionais).

Análise das outras alternativas

a) Incorreta, uma vez que diz ser vedado à União observar o princípio da uniformidade, o que contraria o disposto no Inciso I do art. 151. O princípio da uniformidade é, segundo Ives Gandra Martins, "essencial ao sistema e evita não apenas guerras tributárias, como oferta garantia nacional aos contribuintes contra as exceções regionais e distritais, nem sempre voltadas a preservar seus direitos."

c) A afirmativa da alternativa em análise diz ser permitido à União tributar a renda das obrigações da dívida pública dos Estados, do Distrito Federal e dos Municípios, o que conflita com o disposto no Inciso III do art. 151.

d) Esta alternativa diz da possibilidade de a União instituir isenções de tributos de competência dos Estados, do Distrito Federal e dos Municípios, o que contraria o preceito estabelecido no Inciso III do art. 151, que tem por finalidade preservar a autonomia dos entes federados no exercício da competência tributária estabelecida na CF/88.

Questão 50 – Assinale a alternativa correta:

A principal inovação trazida pela Constituição rio-grandense de 1947 foi:

a) a abolição da forma federativa de Estado.
b) a substituição da democracia representativa pela democracia direta.
c) a introdução do sistema parlamentar de governo.
d) a criação da técnica do governo de assembléia.
e) nenhuma das alternativas anteriores esta correta.

Gabarito oficial:"c"

Examinando a Constituição do Estado do Rio Grande do Sul, promulgada em 08/07/1947, constata-se que no art. 65, quando define a estrutura do Poder Executivo, estabelece que o mesmo será exercido pelo Governador e pelo Secretariado.

No art. 78, determina que as funções de Chefe do Secretariado só poderão ser desempenhadas por membro da Assembléia Legislativa.

Constituído o Secretariado (prestam compromisso perante o Governador), o mesmo deverá apresentar o programa de governo à Assembléia Legislativa. Os secretários dependem da confiança da Assembléia, devendo, quando da moção de desconfiança, demitirem-se (arts. 81, 82 e 83) Estaria, assim, sendo estabelecido o parlamentarismo, no âmbito do Estado do Rio Grande do Sul.

A Emenda Constitucional nº 1, promulgada em 14/08/1947, altera substancialmente a estrutura do Poder Executivo ao afirmar: *o Governador do Estado será auxiliado, na administração dos negócios públicos, por Secretário de Estado, de sua livre nomeação e demissão.*

Nota: em 03/07/1947 o então Governador do Estado, Walter Jobin, encaminhou ao Procurador-Geral da República, uma ação de "argüição de inconstitucionalidade" (Representação nº4), questionando a competência da Assembléia Legislativa para instituir o sistema parlamentarista. Em julgamento ocorrido em 17/07/1947, o STF declara a inconstitucionalidade, entre outros, dos artigos 78, 81, 82 e 83 (a deliberação ocorreu por unanimidade).

Vê-se, portanto, que o sistema parlamentarista foi previsto, mas não praticado.

Análise das outras alternativas

a) Incorreta, uma vez que não ocorreu a abolição da forma federativa.

b) Incorreta, não houve, nos termos da Constituição Estadual em análise, substituição da democracia representativa pela democracia direta.

d) Incorreta. Em nenhum momento o Texto criou ou adotou a técnica de Governo de Assembléia (prática essa desconhecida no Brasil).

Observação: é oportuno lembrar que estrutura do Estado (Federação), forma de Governo (República), sistema de Governo (Presidencialismo) e regime político (Democracia) constituem princípios fundamentais definidos pelo Poder Constituinte Originário e, portanto, condicionantes do Poder Constituinte Decorrente deferido aos Estados para elaborarem as respectivas Constituições.

XLI Concurso de Ingresso à Carreira do Ministério Público do Rio Grande do Sul

Questão 81 – Assinale a alternativa correta:

Nas ações de inconstitucionalidade e em todos os processos de competência do Supremo Tribunal Federal, deverá ser previamente ouvido (a):

a) O Presidente do Conselho Federal da Ordem dos Advogados do Brasil.

b) O Presidente do Senado Federal e do Congresso Nacional.

c) O Procurador-Geral da República.

d) A maioria das Assembléias Legislativas dos Estados.

e) O Advogado-Geral da União.

Gabarito oficial: "c"

Efetivamente, no § 1º do art. 103 da CF/88, temos o preceito determinando que o Procurador-Geral da República deverá ser previamente ouvido nas ações de inconstitucionalidade e em todos os processos de competência do STF. Justifica-se a previsão uma vez que a manifestação daquela autoridade decorre de sua função de "fiscal da lei" (nas ações de controle defende a rigorosa observância da Constituição), funcionando como catalisador da decisão do STF, quando se pronuncia a respeito da controvérsia constitucional.

Questão em algumas vezes trazidas nos Concursos, diz da necessidade ou não do parecer prévio do Procurador-Geral da República quando ele é autor da ação. Muito embora não haja entendimento único da doutrina quanto à questão particular quando o Procurador-Geral da República é o autor da ação que provocará o controle da constitucionalidade, o STF tem posição sedimentada quanto à possibilidade do exercício concomitante das duas funções: *custos legis* e *dominus litis*. Trata-se de uma exigência formal estabelecida na Constituição, não havendo previsão de circunstância que ela pudesse ser dispensada. Não cabe, ainda, à lei ordinária fazê-lo.

Análise das outras alternativas

a) Incorreta. O Conselho Federal da OAB tem legitimidade universal para impetrar, não só a Ação Direta de Inconstitucionalidade por Ação, como também a por Omissão. Reduz-se a esse procedimento a sua atuação em ação de controle de constitucionalidade.

b) Incorreta. Não tem o Presidente do Senado e do Congresso Nacional legitimidade nem para emitir parecer e nem para argüir a inconstitucionalidade de lei ou ato normativo frente ao STF.

A Mesa da Câmara do Deputados e a Mesa do Senado (art. 103, II e III) é que têm a legitimidade para provocar o STF a se manifestar quanto à constitucionalidade de leis.

d) Incorreta. Não têm as Assembléis Legislativas dos Estados em conjunto, nem mesmo legitimidade para agir, muito menos para serem ouvidas. A quem é reconhecida a legitimidade para propor ação de controle é a Mesa de Assembléia Legislativa, quando, segundo posição do STF, em se tratando de lei ou ato normativo de outro Estado, será exigida a demonstração da pertinência temática, por nós identificada como de interesse, ou seja, a lei estadual, objeto da ação, além de conflitante com a Constituição, vem causar prejuízo a interesses do Estado representado.

e) Incorreta. Como já tivemos oportunidade de detalhar, o Advogado-Geral da União apenas defenderá o ato impugnado (ver comentário à questão de nº 43 do XL Concurso).

Questão 82 – Assinale a alternativa correta:

Pela Constituição Federal, um quinto dos lugares dos Tribunais de Justiça dos Estados são reservados a advogados e membros do Ministério Público. Para que estes últimos possam ser indicados ao Tribunal, exige-se:

a) indicação em lista sêxtupla pelo órgão de classe respectivo.

b) mais de cinco anos de efetiva atividade profissional.

c) que sejam maiores de 35 anos.

d) mais de 15 anos de carreira.

e) notório saber jurídico e reputação ilibada.

Gabarito oficial: "a"

No art. 94 da CF/88 estabelece que "um quinto" dos Tribunais Regionais Federais, dos Tribunais dos Estados e do Distrito Federal e Territórios, será composto por representantes do Ministério Público e da categoria dos Advogados, exigindo dez anos de carreira aos integrantes do Ministério Público e dez anos de efetiva atividade advocatícia, notório saber jurídico e ilibada reputação dos representantes dos Advogados.

O procedimento será o seguinte: os órgãos de representação das duas classes elaboram lista sêxtupla e encaminham ao Tribunal para o qual foram indicados. O Tribunal, por sua vez, elabora, a partir das indicações, uma lista tríplice e encaminha ao Titular do Poder Executivo. Conforme o Tribunal, caberá a escolha ao Presidente da República (TRF) ou a Governador de Estado (Tribunais Estaduais) ou, ainda, ao Governador do Distrito Federal (Tribunais do DF), para nomeação no prazo de vinte dias (Parágrafo único do art. 94).

Análise das outras alternativas:

As alternativas "b", "c", "d", "e" estão incorretas considerando as observações feitas no comentário da alternativa correta.

Questão 83 – Assinale a alternativa correta:

As espécies normativas que sobem à sanção presidencial, depois de aprovadas pelo Legislativo, são:

a) decretos legislativos e resoluções.

b) projetos de lei ordinária e emendas constitucionais.

c) leis delegadas e leis de conversão.

d) projetos de lei ordinária e projetos de lei complementar.

e) leis delegadas e projetos de lei ordinária.

Gabarito oficial: "d"

Correto. A lei complementar e a lei ordinária são espécies normativas primárias, denominadas pela doutrina como "leis formais", ou seja, observam um processo legislativo completo. Entenda-se como processo legislativo o conjunto de atos (iniciativa, deliberação, sanção/veto, promulgação e publicação), realizados na produção das leis e outros atos normativos primários. As "leis formais" passam por todos eles.

Análise das outras alternativas

a) Incorreta. O Decreto Legislativo e a Resolução são atos normativos primários expedidos pelo Poder Legislativo, ficando dispensada a sanção presidencial.

O Congresso Nacional desempenha sua competência prevista no art. 48, através de Decreto Legislativo, por previsão regimental. Como ato privativo do Congresso, será realizado por meio da atuação das duas Casas. Por exemplo, será através de Decreto Legislativo que o Congresso autorizará o afastamento do Presidente da República do país; será através de Decreto Legislativo que o Congresso homologará um Tratado Internacional.

De outro modo, a Resolução também é ato normativo primário, realizado pela Câmara dos Deputados e pelo Senado Federal, separadamente, para disporem sobre matéria de sua competência (arts. 51 e 52), ou seja, o procedimento acontecerá no âmbito da Casa Legislativa. Por exemplo: a Câmara dos Deputados, por Resolução, autoriza o STF a processar e julgar o Presidente da República (sem qualquer participação do Senado na deliberação); o Senado Federal, por Resolução, suspende a execução da lei declarada de inconstitucional pelo STF (sem qualquer participação da Câmara dos Deputados na deliberação).

O Congresso Nacional utilizará a Resolução quando a Constituição determinar (art. 68, § 3º), ocasião em que terá que observar o procedimento bicameral na deliberação.

b) Incorreta. O projeto de lei ordinária, ao contrário da proposta de emenda constitucional, será submetido à deliberação executiva (manifesta através de sanção ou de veto). O processo legislativo da emenda constitucional, compreende exercício de poder constituinte, no caso, poder constituinte reformador, diferente, portanto, da simples atuação legiferante ordinária. O regime democrático é, entre outros aspectos, caracterizado pelo reconhecimento da titularidade do poder constituinte ao "povo" e pelo deferimento do exercício de tal poder a uma assembléia constituinte. Coerente com tal compreensão, o Constituinte de 1988 não deferiu ao Presidente da República, atuação deliberativa quando da tramitação de proposta de emenda constitucional, razão pela qual aquela autoridade não sanciona (nem veta) e também não promulga Emenda Constitucional. Sua atuação está restrita a iniciativa da proposta de emenda constitucional (art. 60, II).

c) Incorreta. Quando o Congresso Nacional confere a prerrogativa para o Presidente expedir Lei Delegada, esta autoridade elabora a lei, esgotando-se todo o processo de deliberação no âmbito do próprio Poder Executivo onde será redigida, promulgada e determinada a sua publicação. A CF/88 prevê no § 3º do art. 68 a possibilidade de a delegação ficar condicionada à apreciação do Congresso Nacional, da Lei, quando só poderia ocorrer a aprovação ou a rejeição, sem possibilidade de emenda. Tal previsão, parece-nos, descaracteriza a espécie Lei Delegada.

Refere-se ainda a alternativa na lei de conversão, esta diz respeito à Medida Provisória, ou seja, a conversão daquele ato normativo primário, em lei ordinária.

Analisemos tal procedimento após a vigência da EC nº 32/2001: – nos termos do § 12 do art. 62, o projeto de conversão da Medida Provisória só não irá a sanção presidencial, quando nenhuma alteração for feita no texto original. Quando ocorre o que a doutrina denomina de "conversão parcial", o texto será enviado ao Presidente da República para sua sanção ou veto na parte alterada. Diante dessa circunstância, enquanto o projeto de conversão estiver pendente da sanção ou veto (e da apreciação deste, se for o caso) o texto original da Medida Provisória manter-se-á em vigor.

e) Incorreta, quanto à Lei Delegada, conforme o exposto na alternativa "c".

Direito Constitucional
Análise das questões dos Concursos de Ingresso à Carreira do Ministério Público

Questão 84 – Assinale a alternativa correta:

Na técnica de elaboração legislativa, conforme a estruturação das leis, a cláusula entra em vigor na data da sua publicação está reservada para as

a) codificações em geral.

b) leis sobre crimes de colarinho branco e sobre lavagem de dinheiro.

c) leis de pequena repercussão.

d) resoluções das duas Casas do Congresso Nacional.

e) emendas constitucionais de revisão.

Gabarito oficial: "c"

A questão diz respeito à técnica de elaboração legislativa disciplinada pela LC nº 95/98 (regulamentada pelo Decreto nº 2954/99), que dispõe, quanto à vigência da lei:

Art. 8º A vigência da lei será indicada de forma expressa e de modo a contemplar prazo razoável para que dela se tenha amplo conhecimento, reservada a cláusula entra em vigor na data de sua publicação para as leis de pequena repercussão.

A partir da regra legal apenas entram em vigor, na data de sua publicação, as leis de pequena repercussão, ou seja, aquelas que não trazem alteração de maior abrangência ou de maior conseqüência no ordenamento jurídico, o que excluiria de tal classificação as codificações, as leis de responsabilidade penal e civil, etc...

Temos assim que as matérias contempladas nas demais alternativas não teriam a cláusula de "entrada em vigor na data da sua publicação".

Questão nº 85 – Assinale a alternativa correta:

É característica da norma de eficácia contida:

a) produzir efeito depois de editada norma que a complemente.

b) depender, para a sua plenitude eficacial, de regulamentação legal (lei complementar) futura.

c) não produzir nenhum efeito jurídico.

d) permitir que lei ordinária posterior venha a inviabilizar sua aplicabilidade.

e) entrar no mundo jurídico com eficácia plena e aplicabilidade imediata.

Gabarito oficial: "e"

Pede a questão a identificação da principal característica da norma de eficácia contida.

As normas constitucionais de eficácia contida, segundo a teoria de José Afonso da Silva (*Aplicabilidade das normas constitucionais*), são aquelas reguladas de modo suficiente pelo legislador constituinte, tanto que têm aplicabilidade imediata, mas que, por expressa determinação constitucional, admitem uma margem de atuação restritiva por parte da competência discricionária do Poder Público (tanto ao legislador, quanto ao administrador). Tais restrições podem ocorrer por lei (art. 5º, XIII, XII *in fine*), por outras normas constitucionais (art. 5º XXIII, XXIV, XXV e art. 14, § 9º), por circunstâncias (art. 5º, XI) ou por conceitos éticos juridicizados (art. 5º, XVI "pacificamente", "sem armas"; ordem pública; paz social; ordem social).

Na lição de José Afonso: "... Normas de aplicabilidade imediata e direta. Tendo eficácia independentemente da interferência do legislador ordinário, sua aplicabilidade não fica condicionada a uma normação ulterior, mas fica dependente dos limites (daí: eficácia contida) que ulteriormente se lhe estabeleçam mediante lei, ou que as circunstâncias restritivas, constitucionalmente admitidas, ocorram."

Análise das outras alternativas

a) e b) Incorretas. A norma constitucional de eficácia contida tem aplicabilidade imediata, dispensando, portanto, atuação legislativa infraconstitucional.

c) Incorreta. No nosso sistema não há como admitir normas constitucionais desprovidas de potencialidade jurídica (entenda-se como: capacidade para produzir efeitos no ordenamento), ou seja, todas as disposições da Constituição têm estrutura e natureza jurídico-constitucionais, são imperativas. O fenômeno da realizabilidade é que leva a identificação da aplicabilidade de tais normas.

d) Incorreta. A assertiva não tem lógica, impossibilitando, assim, sua análise, dentro da proposta da questão.

Questão 86 – Assinale a alternativa correta:

O princípio da separação de poderes adotado pela Carta de 88, que não pode ser abolido por reforma constitucional, caracteriza-se especialmente pelo(a)

a) independência e harmonia entre os poderes Legislativo, Executivo e Judiciário.

b) eletividade e temporariedade do Chefe de Estado.

c) repartição territorial do poder político entre a União, os Estados e o Distrito Federal e os Municípios.

d) poder do Supremo Tribunal Federal de declarar a constitucionalidade das leis.

e) competência do Legislativo de afastar o Chefe de Estado que pratica crime de felonia.

Gabarito oficial: "a"

O princípio da separação dos Poderes constituiu, nos termos do § 4º, III, do art. 60 da CF/88, cláusula pétrea, de tal sorte que nenhuma emenda constitucional poderá comprometê-lo, caractériza-se sobremodo pela independência e harmonia entre os Poderes Estatais.

Desde muito a questão relativa ao exercício do Poder Político foi estudada e teorizada. Coube a Montesquieu a formulação mais adequada tanto do ponto de vista político como jurídico, que diante da reconhecida tripartição de funções, propôs que estas fossem exercidas por Órgãos distintos. Em síntese: a uma divisão funcional deve corresponder uma divisão orgânica. Saiu Montesquieu do aspecto abstrato da teoria e a concebeu como técnica posta a serviço da contenção do poder pelo próprio poder. A finalidade da Teoria e a razão da sua adoção pelos Estados era racionalizar o Poder, sendo que a efetiva afirmação da referida Teoria deu-se na Declaração de Direitos do Homem e do Cidadão, quando, no art. 16, afirmava que um Estado cuja Constituição não consagrasse a teoria da separação dos Poderes era um Estado sem Constituição.

É importante salientar que a separação rígida de Poderes afigurou-se inviável na prática, daí a adoção de uma divisão flexível das funções, de onde temos que cada Órgão do Poder (Poder Legislativo, Poder Executivo e Poder Judiciário) exerce funções típicas e funções atípicas, assim temos:

Poder / Órgão	Função Típica	Funções Atípicas
LEGISLATIVO	- legislar - fiscalizar o Executivo - Art. 49, X	Função administrativa - Art. 51,IV; Art. 52, XIII Função jurisdicional - Art. 52, I e II
EXECUTIVO	- administrar - Art. 84	Função legislativa Art. 61, § 1º (iniciativa) Art. 62 (medida provisória) Art. 68 (lei delegada) Função jurisdicional – julga recursos administrativos.
JUDICIÀRIO	- julgar	Função administrativa - Art. 96, I, e art. 99 Função legislativa - Elabora Regimento e tem iniciativa privativa de lei Art. 96, I, *a*, e II; art. 93

Importa registrar, ainda, que o princípio da separação de Poderes deu origem à construção doutrinária conhecida como "sistema de freios e contrapesos."

Análise das outras alternativas

b) Incorreta, a eletividade e temporariedade de mandato são características da forma de governo, denominada "república".

c) Incorreta, a repartição territorial do poder político, ou seja, a descentralização política, caracteriza a estrutura de Estado composto, a "federação".

d) Incorreta, a prerrogativa reconhecida ao STF, pela Constituição, constitui mecanismo do sistema de freios e contrapesos, pela condição de guardiã da Constituição.

e) Incorreta. A prática de crime de felonia (traição, deslealdade) praticado pelo Chefe de Estado configura crime de responsabilidade (art. 85 da CF/88), passível de julgamento pelo Senado Federal que pode punir com a perda do cargo e inabilitação para função pública por oito anos (Parágrafo único, art. 52).

Questão 87 – Assinale a alternativa correta:

A Constituição Federal, ao disciplinar o instituto do veto, permite se lhe delineie uma classificação tipológica quanto à extensão, à devolução, à forma, ao fundamento e ao efeito. Pois bem, quanto ao fundamento, o veto pode ser

a) total e parcial.

b) expresso e tácito.

c) jurídico e político.

d) legislativo e translativo.

e) relativo e absoluto.

Gabarito oficial: "c"

Após a deliberação legislativa, o projeto de lei deverá ser submetido à deliberação do Executivo, quando o titular do Poder, concordando com o conteúdo do projeto, fará a sanção; em não concordando o vetará.

O veto, segundo a CF/88 (art. 66 §§ 1º, 2º, 3º, 4º e 5º), pode ser assim caracterizado:

1) resulta de uma manifestação expressa do Presidente da República, que tem o prazo de quinze dias úteis para ser encaminhada (não há, no nosso ordenamento, veto tácito) ao Congresso Nacional;

2) será sempre motivado (fundamentado), ou seja, o Presidente deverá dizer se veta por entender o projeto (veto total) ou parte do projeto(veto parcial) inconstitucional – *veto jurídico* – ou contrário ao interesse público – *veto político*. Entende o STF que a falta de motivação do veto não impede a apreciação pelo Congresso Nacional;

3) será sempre supressivo, uma vez que a Chefia do Executivo só poderá pretender, através do veto, suprimir alguma disposição e nunca adicionar ou modificar (a prerrogativa de emendar é exclusiva do Legislativo);

Direito Constitucional
Análise das questões dos Concursos de Ingresso à Carreira do Ministério Público

4) o veto é relativo (superável), uma vez que será submetido à apreciação do Poder Legislativo que poderá derrubá-lo pelo voto da maioria absoluta da Câmara dos Deputados e do Senado Federal;

5) o veto é irretratável (assim como também o é a sanção), ou seja, manifestada a discordância, o titular do Poder Executivo não poderá desconsiderar ou modificar sua posição;

6) por ser um ato de natureza política, exclusivo do Chefe do Executivo, as razões do veto são insuscetíveis de controle judicial.

Questão 88 – Assinale a alternativa correta:

Suponhamos que determinado candidato a Presidente da República tenha sido eleito, mas seu candidato a Vice, não. Diante do fato,

a) far-se-á nova eleição, dentro de 60 dias.

b) assumiria o Vice com maior votação, mesmo se pertencente a outro partido ou coligação.

c) a suposição é absurda em face da Constituição Federal.

d) assumiria o suplente do Vice.

e) far-se-ia nova eleição dentro de 90 dias.

Gabarito oficial: "c"

Efetivamente a suposição posta é absurda, uma vez que o Vice-Presidente será eleito junto com o Presidente da República, nos termos do § 1° do art. 77.

As demais alternativas ficam comprometidas, uma vez que a regra constitucional é direta e não enseja qualquer interpretação diferente.

Questão 89 – Assinale a alternativa correta:

Vagando ao mesmo tempo, os cargos de Presidente e Vice-Presidente da República, será convocado para o exercício da Presidência, em primeiro lugar, o

a) Presidente do Senado Federal.

b) Presidente do Supremo Tribunal Federal.

c) Presidente da Câmara dos Deputados.

d) Presidente do Congresso Nacional.

e) Deputado Federal mais votado nas últimas eleições.

Gabarito oficial: "c"

Conforme dispõe a CF/88, temos a possibilidade de ocorrer substituição ou sucessão na Presidência da República. Enquanto a substituição tem caráter temporário, a sucessão pressupõe a vacância (a ser declarada pelo Congresso Nacional). A ordem para a substituição do Presidente da República, nos seus afastamentos temporários, é: Vice-Presidente da República; Presidente da Câmara do Deputados; Presidente do Senado Federal; Presidente do STF.

O Vice-Presidente (art. 79) sucederá o Presidente da República. Se ocorrer a vacância nos dois cargos, dispõe a CF/88 que, faltando mais da metade do mandato, deverá haver o preenchimento dos cargos por eleição direta (no prazo de noventa dias) para o período que falta para completar o mandato; faltando menos da metade do mandato, teremos eleição indireta (no prazo de trinta dias) pelo Congresso Nacional, também para o período que falta para completar o mandato. Naturalmente que o País não poderá ficar acéfalo enquanto a escolha do Presidente e do Vice-Presidente seja procedida, será observada a ordem expressa no art. 80 da CF/88, sendo, como propõe a alternativa "c", em primeiro lugar, o Presidente da Câmara dos Deputados.

Nota: as demais alternativas não ensejam qualquer observação específica.

Questão 90 – Assinale a alternativa correta:

Lei ordinária anterior à vigência da nova Constituição e com esta incompatível ensejará

a) argüição de inconstitucionalidade.

b) verificação sobre se foi, ou não, revogada.

c) indispensabilidade de propositura de ação genérica pelas instituições e pelos órgãos constitucionalmente legitimados.

d) controle por via incidental.

e) suspensão de sua executoriedade pelo Senado Federal.

Gabarito oficial: "b"

Trata a questão em estudo de matéria de direito intertemporal, ou seja, diz da relação entre uma Constituição nova e o direito infraconstitucional anterior.

Tem o STF manifestado o entendimento de que a nova Constituição revoga todo o direito pretérito com ela conflitante. Com tal posição, vem o STF, majoritariamente, refutando a tese da *inconstitucionalidade superveniente*, segundo a qual uma norma torna-se-ia inconstitucional em razão da promulgação de um novo Texto Constitucional.

O fundamento da posição do STF tem a ver com a tese (adotada pela Corte) de que o juízo de constitucionalidade pressupõe a contemporaneidade entre a lei e a Constituição. Teríamos, portanto, diante do conflito, a revogação da lei infraconstitucional. O Ministro Sepúlveda Pertence, que defende a existência, no caso, de uma *inconstitucionalidade superveniente* (tendo enunciado sua convicção de que "recusar a via de ação direta de inconstitucionalidade ao expurgo das leis velhas incompatíveis com a nova ordem constitucional seria demitir-se o Supremo Tribunal Federal, de uma missão e de uma responsabilidade que são suas. Intransferivelmente suas." ADIn nº 2), diz ser essa uma "revogação qualificada".

Parece-nos que o efeito prático do entendimento do STF implica a constatação de que a lei conflitante perde sua potencialidade jurídica, entendida como capacidade de produzir efeitos, quando desaparece, pela revogação da Constituição anterior, o foco de sua validade, não ocorrendo em relação a mesma o fenômeno da novação.

Análise das outras alternativas

a) Como esta prova foi realizada antes da disciplina da "ação de argüição de preceito fundamental" (Lei nº 9.882/99) que, uma vez disciplinada como mecanismo de controle de constitucionalidade, admite o exame de leis anteriores à CF/88, foi considerada como incorreta pela Banca, o que não poderia ocorrer hoje.

c) Incorreta, considerando os argumentos já abordados quando do comentário feito à alternativa "b".

d) Incorreta porque o enunciado da questão refere-se à lei em tese. É oportuno lembrar que no controle difuso (situação concreta) pode haver a alegação de inconstitucionalidade de uma lei anterior ou posterior à CF/88, suscitada incidentalmente, por ser necessário para solução do caso concreto.

e) Incorreta. O Senado Federal, como dispõe o art. 52, X, da CF/88, só atuará quando o STF, em decisão definitiva, julgar a lei inconstitucional. Tal circunstância só ocorrerá quando no controle concreto (onde a questão da inconstitucionalidade é questão prejudicial) a inconstitucionalidade houver sido declarada *incidenter tantum*, sendo o efeito apenas *inter partes*. Nesse caso, o STF fará a remessa da lei ao Senado Federal para que havendo a suspensão de execução da lei, todos fiquem desobrigados do seu cumprimento (a Resolução do Senado terá efeito *erga omnes*). Observe-se que a lei a ser suspensa pelo Senado Federal pode ser anterior ao Texto de 1988, pode ser federal, estadual, distrital ou municipal.

XLII Concurso de Ingresso à Carreira do Ministério Público do Rio Grande do Sul

Questão 41 – Assinale a alternativa correta:

Pedido de licença para processar criminalmente deputado federal, que não foi apreciado pela Câmara dos Deputados, implicará

a) absolvição *in limine* do deputado.

b) interrupção do prazo de prescrição do crime até o início da legislatura seguinte.

c) pagamento de fiança pelo parlamentar.

d) suspensão do prazo prescricional do crime até o fim do mandato do deputado.

e) recebimento imediato da denúncia ou queixa-crime pelo STF.

A questão refere-se à matéria que sofreu substancial alteração pela EC nº 32, de 20-12-2001 (o Concurso foi realizado em novembro/1999), razão pela qual não faremos a análise das alternativas propostas, mas comentaremos o conteúdo do questionamento – Prerrogativas Parlamentares.

Têm as prerrogativas justificativa quando as consideramos como elementos garantidores da independência da atuação dos parlamentares – independência do Poder Legislativo.

A CF/88, a partir do art. 53, disciplina a matéria, de onde temos:

1) a imunidade material (real ou substantiva) que consiste na inviolabilidade por opiniões, palavras e votos do parlamentar. Em conseqüência, não poderá resultar nenhuma responsabilidade, seja na esfera penal, seja na esfera civil, seja na esfera administrativa ou disciplinar, pelas manifestações do parlamentar.

Tem o STF, em várias oportunidades, manifestado o entendimento próprio de tal prerrogativa, salientando-se:

– a inviolabilidade, por manifestação do congressista, desde que proferidas em razão de suas funções parlamentares, no exercício e relacionadas ao mandato, não se restringindo ao âmbito do Congresso Nacional. Exige aquela Corte, para prevalência da imunidade parlamentar, que fique demonstrado o nexo de causalidade entre as manifestações e o exercício da atividade parlamentar. Em julgamento (HC 83 559/SP – Inf n° 333; INQ 1 710-DF – Inf n° 258), assim se manifestou o Ministro Celso de Mello: "cessará essa especial tutela de caráter político-jurídico, sempre que deixar de existir, entre as declarações moralmente ofensivas, de um lado, e a prática inerente ao ofício legislativo, de outro, o necessário nexo de causalidade" (Inf STF n° 275);

– a imunidade material protege também a publicidade dos debates parlamentares (o jornalista ou o veículo de comunicação que as tenha reproduzido, desde que na íntegra, não poderá ser também responsabilizado – INQ 1958/SP Inf n° 327);

– não tem o congressista afastado do Legislativo para o exercício de cargo no Poder Executivo, a titularidade dessa imunidade;

– ao suplente de parlamentar, pela sua condição político-partidária, não lhe são reconhecidas as garantias e as prerrogativas inerentes ao titular do mandato (INQ 1684 – Inf n° 251).

Observações: por força do disposto no § 1° do art. 27 e § 3° do art. 32, aos Deputados Estaduais e aos Deputados Distritais, são reconhecidas as prerrogativas contempladas no art. 53 e §§ (INQ 1955 – Inf n° 316).

Aos Vereadores é reconhecida a imunidade material (e apenas esta), aos atos praticados *ratione officii*, qualquer que tenha sido o local de suas manifestações (dentro ou fora do recinto da Câmara Municipal), conforme posição do STF (HC 74 201/MG).

2) Imunidade Formal (ou Processual)

2.1 – *quanto à prisão*, tal imunidade obsta que o congressista seja preso, exceto na hipótese de flagrante de crime inafiançável. Tal proteção acontece desde a diplomação. Entenda-se que o parlamentar não estará sujeito a qualquer tipo de prisão de natureza penal – prisão temporária, prisão em flagrante por crime afiançável, prisão preventiva, prisão por pronúncia, prisão por sentença condenatória recorrível – nem prisão de natureza civil – devedor voluntário de alimentos ou depositário infiel.

A exceção estabelecida pela Constituição/88 quanto à prisão em flagrante de crime inafiançável (art. 5°, XLII – prática do racismo; XLIII – a lei considerará crimes inafiançáveis e insuscetíveis de graça ou anistia a prática da tortura, o tráfico ilícito de entorpecentes e drogas afins, o terrorismo e os definidos em lei como crimes hediondos; XLIV – constitui crime inafiançável e imprescritível a ação de grupos armados, civis ou militares, contra a ordem constitucional e o Estado Democrático) deverá ser comunicada à Casa legislativa a que pertence o parlamentar, sendo a sua mantença dependente do voto da maioria absoluta da Casa (a referida votação não será secreta).

82   *Elony Terezinha Cerezer Martins*

Registre-se o entendimento do STF quanto à imunidade formal ora analisada quanto à possibilidade de prisão em decorrência de decisão transitada em julgado, sob o argumento que a imunidade não obsta a execução de penas privativas de liberdade definitivamente impostas (RTJ 135/509).

2.2 – *quanto à instauração do processo criminal junto ao STF*, aqui também houve alteração pela vigência da EC nº 35/2002, de onde temos:

– a instauração do processo criminal, por crime praticado após a diplomação, independe de autorização pela Casa legislativa a que pertence o parlamentar;

– o STF recebendo a denúncia dará ciência à Casa legislativa;

– por iniciativa de partido político representado na Casa, poderá ser apresentado pedido de sustação do andamento da ação. Tal pedido deverá ser apreciado no prazo, improrrogável, de 45 dias do seu recebimento pela Mesa, exigindo-se o voto da maioria absoluta da Casa para deliberação;

– havendo deliberação no sentido de sustação do processo criminal, ficará suspensa a prescrição enquanto durar o mandato. Entende o STF, no caso, que se houver concurso de agentes, o processo deverá ser separado e enviados os autos à Justiça Comum, para que prossiga no processo e julgamento do co-autor não-parlamentar (INQ 1 107-MA).

– outro aspecto importante a considerar é o fato de que não há mais imunidade processual em relação a crimes praticados antes da diplomação. Não podendo, no caso, ser sustado o andamento da referida ação. O STF entendeu que a norma constitucional tem aplicabilidade imediata, razão pela qual declarou prejudicado o pedido de licença prévia para o prosseguimento de ação penal, proposta contra deputado federal e, em conseqüência, determinou o término da suspensão do curso da prescrição dos fatos a ele imputados, a partir da publicação da EC nº 35/2001. Do mesmo modo, o STF declarou a validade do oferecimento da denúncia e da notificação para defesa prévia, praticados anteriormente à posse do indiciado no cargo de Deputado Federal pelo juízo então competente (INQ 1566/AC – Inf 257 e Infs. 265 e 266).

Observação: a imunidade formal não impede a instauração e não possibilita a suspensão do inquérito policial contra o parlamentar. O inquérito constitui uma atividade preparatória da acusação e como tal pode ser instaurado e concluído normalmente.

2.3 – *a prerrogativa de foro* foi reconhecida, nos termos do § 1º do art. 53, desde a expedição do diploma, como foro privilegiado (especial) o STF, aos Deputados Federais e aos Senadores.

Tem o STF orientado no sentido de que o foro especial abrange, tão-somente, ações de natureza penal, não alcançando, assim, as ações populares, as ações civis públicas e as ações de improbidade administrativa. E,

Direito Constitucional
Análise das questões dos Concursos de Ingresso à Carreira do Ministério Público

ainda, aquela Corte firmava o entendimento de que o foro privilegiado prevaleceria enquanto o parlamentar estivesse no exercício do mandato. Concluído o mandato, os autos deveriam ser remetidos à Justiça Ordinária (em 25/08/1999 o STF cancelou a Súmula 394).

Com o advento da Lei nº 10628 de 24/12/2002, temos uma nova redação do art. 84 do CPP (a referida Lei é objeto de ADIn nº 2997, não tendo ocorrido a concessão de cautelar, estando, portanto, em vigor). A conseqüência imediata da Lei é a consagração da *perpetuatio jurisdicionis* após o término do mandato. Ademais, alterou, também, o alcance material do foro garantindo que a ação de improbidade será também julgada pelo Tribunal respectivo.

Quanto à ação popular e à ação civil pública, pelo silêncio daquela Lei, permanece válida a posição do STF anteriormente mencionada.

3) Outras garantias

– o § 6º do art. 53 estabelece o chamado "sigilo da fonte", ao não obrigar o parlamentar a testemunhar sobre informações recebidas ou prestadas em razão do exercício do mandato, nem sobre as pessoas que lhes confiaram ou deles receberam informações;

– o § 7º do art. 53 assegura que a incorporação às Forças Armadas, ainda que em tempo de guerra, mesmo os parlamentares militares (que estão na reserva), dependerá de prévia licença da Casa Legislativa;

– o § 8º do art. 53 garante que as imunidades parlamentares serão mantidas durante a vigência dos chamados "estados de legalidade excepcionais" (Estado de Defesa e Estado de Sítio). No entanto, a referida previsão constitucional admite a possibilidade de suspensão das imunidades, quando, na vigência de Estado de Sítio, o parlamentar praticar, fora do recinto do Congresso Nacional, atos incompatíveis com a execução da medida. Tal suspensão, garante a Constituição, só poderá ocorrer pela deliberação de 2/3 da Casa a que pertence o parlamentar.

Por fim, uma observação quanto a essas prerrogativas outorgadas aos Deputados Estaduais e aos Deputados Distritais. Tanto a imunidade material como a imunidade formal são reconhecidas àqueles parlamentares. Tais prerrogativas, no entanto, protegem suas condutas no território e perante a Justiça do Estado (ou do Distrito Federal), não se aplicando no território nacional nem perante a Justiça Federal.

Observação: o conjunto de normas constitucionais que estabelece o regime jurídico dos membros do Congresso Nacional denomina-se "Estatuto dos Congressistas".

Questão 42

Candidato a Presidente da República, registrado pelo partido X, obteve, na eleição, 40 milhões de votos. Os demais candidatos somaram, juntos, 35 milhões de votos, havendo 8 milhões de votos em branco e nulos. Nesse caso, o candidato mais votado

a) participará de nova eleição, que desprezará, então, os votos em branco e nulos.

b) concorrerá à nova eleição, já que os votos brancos e nulos, somados aos dos concorrentes, suplantaram os votos por si obtidos.

c) será considerado eleito Presidente da República.

d) participará de um segundo turno eleitoral com o candidato que obteve a segunda melhor votação.

e) participará de nova eleição, que não desprezará os votos brancos e nulos.

Gabarito oficial:"c"

Trata a questão formulada, do sistema eleitoral a ser observado na eleição para a Presidência da República (art. 77 e §§).

O sistema previsto é o "sistema eleitoral majoritário", onde temos a exigência de maioria absoluta para a eleição de um dos candidatos. Maioria absoluta está entre os votos válidos, ou seja, entre os votos efetivamente dados, razão pela qual são excluídos os votos em branco e os propriamente nulos.

Se nenhum dos candidatos obtiver a maioria absoluta dos votos, haverá novo pleito (o segundo turno), que será disputado pelos dois candidatos mais votados. Será considerado eleito o candidato que obtiver a maioria dos votos válidos (da mesma forma excluídos os votos em branco e os propriamente nulos).

No enunciado da questão, temos que um dos candidatos obteve, em 1º turno, 40 milhões de votos, enquanto os demais candidatos obtiveram um total de 35 milhões de votos. Havendo, ainda, 8 milhões de votos em branco e nulos.

Segundo a regra constitucional, temos como válidos 75 milhões de votos e para ser resolvida a disputa em primeiro turno, um dos candidatos deveria obter no mínimo, 37.500.001 votos (a maioria absoluta total de votos dividido por 2 e ao quociente acrescenta-se 1 voto). Como na hipótese trazida um dos candidatos obteve 40 milhões de votos, não há necessidade de segundo turno para ser reafirmada a legitimidade da escolha. Como dispõe o gabarito oficial (alternativa "c"), o candidato hipotético será considerado eleito como Presidente da República.

O Brasil adota para eleição dos titulares do Executivo da União, dos Estados, do Distrito Federal e dos Municípios com mais de 200 mil eleitores, o sistema majoritário de dois turnos.

Para registro: no art. 224 do Código Eleitoral, recepcionado pela CF/88, a validade das eleições está condicionada à inexistência de mais de 50% de votos nulos (eleições federais, estaduais ou municipais).

Direito Constitucional
Análise das questões dos Concursos de Ingresso à Carreira do Ministério Público

Questão 43

Proposta da emenda constitucional, depois de votada conforme as exigências da Constituição Federal, converter-se-á em emenda constitucional quando for
a) promulgada pela mesa diretora do Congresso Nacional.
b) sancionada e promulgada pelo Presidente da República.
c) promulgada pela mesa diretora do Senado Federal.
d) promulgada pela mesa diretora da Câmara dos Deputados.
e) promulgada pelas mesas das duas Casas do Congresso Nacional.

A questão em análise refere-se ao exercício do poder constituinte derivado reformador e para orientarmos o estudo vamos considerar a disciplina quanto ao processo legislativo especial no art. 60 da CF/88 (exatamente esse processo que confere à CF/88 a condição de constituição rígida).

Trata-se de exercício de um poder derivado, portanto, limitado. A doutrina considera a existência de limitações formais, limitações circunstanciais, limitações materiais e limitações temporais, façamos a identificação no Texto vigente:

1ª) *limitações formais* (ou procedimentais) – art. 60, I, II e III

a) iniciativa (de caráter concorrente): é deferida a um terço (1/3), no mínimo, dos membros da Câmara dos Deputados (171 deputados) ou do Senado Federal (27 senadores); ao Presidente da República; a mais da metade (maioria absoluta) das Assembléias Legislativas dos Estados, desde que a proposta seja aprovada pela maioria simples dos votos dos Deputados Estaduais (a proposta de emenda encaminhada pelas Assembléias Legislativas, tem como Casa originária o Senado Federal).

b) deliberação (compreende a discussão e votação) – § 2º do art. 60. Tal procedimento ocorre, de primeiro, na denominada Casa Originária, exigindo-se para aprovação o *quorum* de três quintos (3/5), em dois turnos (entre o 1º e o 2º turno a Câmara dos Deputados estabelece o interstício mínimo de cinco sessões ordinárias, e o Senado Federal estabelece cinco dias úteis). Do mesmo modo, a Casa Revisora deverá deliberar observando o mesmo *quorum* e os dois turnos.

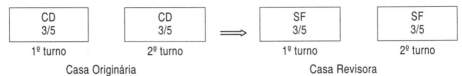

É importante estarmos atentos para o disposto no § 5º do art. 60, pelo tratamento particular que a Constituição determina quanto à proposta de emenda constitucional rejeitada ou havida por prejudicada. Trata-se de uma imposição de caráter absoluto que impede que naquelas circunstâncias a matéria possa vir a constituir outra proposta de emenda na mesma sessão legislativa.

c) promulgação (§ 3º do art. 60), como a proposta de emenda não é submetida à sanção presidencial, também não será promulgada por aquela autoridade. A promulgação (certifica o nascimento da lei), junto com a publicação (enseja a presunção de conhecimento da lei por todos), constituem a fase complementar do processo legislativo e são atribuídas ao próprio Poder Legislativo, através de suas Mesas.

2º) *limitações circunstanciais* – expressamente o § 1º do art. 60, diz do impedimento de termos, por parte das Casas Legislativas, alteração da Constituição quando da vigência de intervenção federal, estado de sítio ou estado de defesa.

3º) *limitações materiais* (§ 4º do art. 60) – define o constituinte, através desta disposição, um núcleo intangível ao estabelecer que não será objeto de deliberação proposta de emenda constitucional tendente a abolir a forma federativa; o voto direto, secreto, universal e periódico; a separação dos Poderes; os direitos e as garantias individuais. Não temos dúvida de que a finalidade da regra é assegurar a integridade (a unidade) da Constituição.

Corrobora este entendimento a posição do STF ao acolher mandado de segurança impetrado por parlamentar, para sustar o trâmite de proposta de emenda tendente a abolir cláusula pétrea. Afirma aquela Corte, que tal comportamento, compromete o processo legislativo que não pode ter por objeto proposta que possa resultar em comprometimento de cláusulas pétreas.

Convém trazer para registro a questão doutrinária que diz da possibilidade de supressão ou de alteração substancial de matérias objeto de cláusula pétrea, o que consubstancia a tese da "dupla revisão". Muito embora, pela expressa determinação constitucional contida no § 4º do art. 60, essa tese não tenha acolhida entre nós, alguns doutrinadores de escol a defendem (assim como vimos em recente julgado no STF, alguns Ministros questionaram a vedação absoluta à mudança o que, segundo o entendimento manifesto, pode comprometer a adequação do Direito às necessidades do bem-estar social). Segundo a doutrina, a Constituição estabeleceria em favor da preservação das cláusulas pétreas uma rigidez maior para a sua modificação ou revogação, não uma proibição absoluta. A "dupla revisão" acontece, segundo a tese, quando as matérias gravadas como cláusulas pétreas têm dupla proteção, isto é, para modificá-las, primeiro seria preciso revogá-las e depois alterar (modificar) as disposições sobre a matéria em questão, até o momento protegidas pelas próprias cláusulas pétreas.

Por exemplo: para comprometer o disposto no art. 18 que diz da autonomia dos entes federados, primeiro teria que haver um processo supressivo do Inciso I do § 4° do art. 60 da CF, para, posteriormente ser, através de emenda modificativa, alterada a prerrogativa reconhecida aos entes federados.

4°) *limitações temporais* – diz da proibição de modificação das normas constitucionais por um tempo determinado. Naturalmente, a previsão dessa espécie de limitação ocorre após o exercício do poder constituinte originário, para assegurar uma certa estabilidade às instituições constitucionais (como identifica Canotilho – *in* Direito Constitucional) A CF/88, não contempla essa espécie de limitação.

5°) *limitações implícitas*, além dessas limitações materiais expressas, a doutrina admite a existência de outras de caráter implícito, mas com a mesma finalidade, de onde temos:

– a titularidade do poder constituinte originário (o povo);

– a titularidade do poder constituinte derivado (que foi definido pelo constituinte originário);

– o processo de reforma constitucional, de onde está impedida qualquer modificação no art. 60 da CF/88 (de tal forma não há possibilidade, através de emenda, ser a Constituição vigente transformada em flexível quanto a sua estabilidade).

Questão 44

São inconstitucionais leis ou atos normativos discriminatórios, não autorizados pela Constituição Federal, entre pessoas em situação de igualdade. O sacrifício imposto a pessoas, discriminando-as em face de outras na mesma situação, é inconstitucional. Para corrigir essa desigualdade, é acionado o Poder Judiciário. A decisão judicial poderá.

a) estender a situação jurídica detrimentosa a todas as pessoas.

b) declarar, apenas por via incidental, a inconstitucionalidade do ato discriminatório.

c) declarar, apenas por via principal, a inconstitucionalidade do ato discriminatório.

d) declarar, dependendo de provocação, a inconstitucionalidade do ato discriminatório tanto por via incidental como por via principal.

e) deferir, se impetrada, ordem de injunção.

Gabarito oficial: "d"

O enunciado da questão identifica a inconstitucionalidade de leis e atos normativos que comprometem o princípio da igualdade (isonomia). Sabemos que o princípio da igualdade tem dois alcances, uma vez que deverá ser respeitado *na lei* e *perante a lei*. Na hipótese apresentada, a mácula acontece na lei, o que possibilita o controle abstrato – via principal (quando o interesse público justifica a atuação de um dos legitimados), com a finalidade de retirar do ordenamento a lei viciada, o que beneficiaria a todos. Pode também ocorrer o controle concreto, quando na defesa de direito subjetivo qualquer pessoa pode buscar a proteção contra a lei viciada no Poder Judiciário, quando a decisão terá efeito *inter partes*. Registre-se, como lembrete, que se o STF pronunciar-se pela inconstitucionalidade da lei, o efeito da decisão será vinculante para o próprio Poder Judiciário.

Análise das outras alternativas

a) Incorreta, não há fundamentação que sustente a possibilidade de o Poder Judiciário estender a todas as pessoas uma situação jurídica detrimentosa.

b) Incorreta, pelo exposto no comentário feito à alternativa "a", não será "apenas" por via incidental.

c) Incorreta, do mesmo modo, não será objeto "apenas" do controle abstrato.

e) Incorreta. Não estamos diante de uma omissão que possa levar ao uso do mandado de injunção e sim diante de uma lei inconstitucional (viciada).

Questão 45

Vetado parcialmente projeto de lei, a parte que mereceu sanção é promulgada e publicada pelo Presidente da República. Apreciado o veto pelo Congresso Nacional, este o rejeita. Neste caso, a parte que foi vetada, e agora é promulgada, vigerá a partir do momento

a) de sua promulgação pelo Congresso Nacional.

b) em que entrou em vigor a parte do projeto de lei desde logo sancionada.

c) da publicação da parte não vetada.

d) da sua publicação.

e) de sua sanção e promulgação pelo Presidente da República.

Gabarito oficial: "d"

Consideremos que quando um projeto de lei é parcialmente vetado, implica que o titular do Poder Executivo concordou com parte do projeto e dá prosseguimento ao processo legislativo sancionando, promulgando e determinando a publicação do texto. O referido texto de lei ao ser publicado trará ao lado do número do artigo (inciso ou parágrafo) a expressão "vetado". O veto, no caso, do Presidente da República, devidamente motivado (STF a falta da motivação não impede a apreciação pelo Congresso), é submetido à apreciação do Congresso Nacional. Se este, pelo voto da maioria absoluta dos integrantes da Câmara dos Deputados e do Senado Federal, é rejeitado, teremos o restabelecimento do texto original, devendo ser promulgado pelo Presidente da República, na omissão deste, pelo Presidente do Senado ou pelo Vice-Presidente do Senado Federal (art. 66, § 7º da CF/88) e, a partir da data da publicação terão vigência as disposições objeto de veto presidencial, ora derrubado.

Lembremos que o veto é mecanismo de controle de constitucionalidade preventivo, além de ser instrumento do sistema de freios e contrapesos. De outro modo, no regime democrático deve prevalecer a vontade do Poder Legislativo (vontade da maioria), daí termos a relatividade do veto, ou seja, tem eficácia enquanto não ocorrer a deliberação pelo Poder Legislativo.

Análise das outras alternativas

a) Incorreta, uma vez que o Congresso Nacional, no sistema constitucional vigente, não tem competência para fazer a promulgação, exceto no caso da proposta de Emenda Revisional, prevista no art. 3º do ADCT (disposição esta classificada como norma exaurida, pela emissão de seis emendas revisionais).

b) e c) Incorretas. Como vimos na análise da alternativa correta, o procedimento do veto implica a não-transformação do projeto de lei, em lei, conseqüentemente, só depois da deliberação do Poder Legislativo, é que teremos a certeza de que a disposição integrará o ordenamento.

e) Incorreta, uma vez que o veto sendo irretratável não poderá, em momento posterior, ser sancionado pelo Presidente da República. Importante considerar, ainda, que a promulgação implica a efetiva transformação do projeto de lei e que a vigência da lei (como é o enunciado da questão em estudo) acontece pela publicação, constituindo essas fases o procedimento complementar do processo legislativo.

Questão 46

Projetos de lei de iniciativa exclusiva de Tribunais e do Poder Executivo são propostos amiúde. O exercício do poder de emenda, deferido aos congressistas, constitui incidente do processo legislativo. Em princípio, a função de emendar esses projetos de lei é inerente à função de legislar. Quem pode legislar, poderá emendar. A Constituição tem que prever expressamente as vedações ao poder de emendar, que podem ser absolutas (que impedem o oferecimento de quaisquer emendas), quase absolutas (que impedem o oferecimento de determinadas emendas) e relativas. Isto posto, há vedação absoluta ao poder de emendar:

a) no caso de delegação legislativa ao Presidente da República, se a resolução do Congresso Nacional determinar a apreciação do projeto *a posteriori*.

b) na tramitação de projeto de lei de codificação.

c) no caso de rejeição de medida provisória, quando o Congresso Nacional disciplina as relações jurídicas dela decorrentes.

d) no complexo procedimento legislativo de edição de emenda constitucional.

e) depois de aprovado o projeto de lei, mas antes de subir à sanção presidencial.

Gabarito oficial: "a"

Quando, nos termos do art. 68 e §§, a CF/88 estabelece a faculdade do Presidente da República editar lei delegada, especificamente, o § 3º do referido artigo dispõe sobre a possibilidade, desde que expressa na resolução delegatória, de o Congresso Nacional apreciar o projeto de lei delegada, limitando-se a aprová-la ou rejeitá-la.

A respeito do poder de emendar (emenda supressiva, modificativa ou aditiva) atribuído ao Poder Legislativo e considerando as demais alternativas propostas, registremos, pela importância que tem a matéria, algumas particularidades, de onde temos:

1º) o poder de emendar é exclusivo do Poder Legislativo;

2º) conforme o entendimento do STF, o Poder Legislativo exerce a prerrogativa de emendar em qualquer projeto de lei ou em proposta de emenda constitucional, mesmo que a inciativa do processo legislativo seja reservado (ao Presidente da República, à Câmara do Deputados, ao Senado Federal, ao STF e aos Tribunais Superiores, no âmbito federal), desde que não implique aumento de despesa e tenha pertinência com a matéria objeto do projeto de lei;

3º) especificamente sobre o processo legislativo da lei orçamentária (§ 3º do art. 166), o poder de emenda será exercido dentro dos seguintes parâmetros:

– a alteração deverá ser compatível tanto com o plano plurianual (que compreende as diretrizes e os objetivos governamentais de duração continuada) e com a lei de diretrizes orçamentárias (que compreende as metas e prioridades da Administração, incluindo as despesas de capital para o exercício financeiro subseqüente; dispõe, ainda, sobre as alterações legislativas tributárias e estabelece a política de aplicação das agências financeiras de fomento);

– se, para viabilizar a efetividade da emenda, indicarem os recursos necessários, sendo admitido apenas os provenientes de anulação de despesa ficando protegidas de tal anulação, as que incidam sobre dotação para pessoal e seus encargos, serviços da dívida e as transferências tributárias, previstas constitucionalmente, para os Estados, Distrito Federal e Municípios;

– se forem destinadas a corrigir erros ou omissões;

– se forem relacionadas com os dispositivos do texto de lei.

Direito Constitucional
Análise das questões dos Concursos de Ingresso à Carreira do Ministério Público

4°) quanto à possibilidade de emenda ao projeto de lei de diretrizes orçamentárias, elas terão que observar o disposto no Plano Plurianual. Assim, dentro do parâmetro, o projeto de lei de diretrizes orçamentária poderá ser emendado, alterado, no entanto, não poderá ser rejeitado;

5°) quando as Casas examinam medida provisória a fim de deliberar sobre o projeto de conversão exercerão a prerrogativa de emendar, quando, então concluído o trabalho legislativo, o projeto de conversão será encaminhado ao Presidente da República que poderá, não concordando, vetar as modificações.

Questão 47

Lei anterior à Constituição recém promulgada, e com esta incompatível, implicará, de acordo com atual orientação do STF
a) inconstitucionalidade da lei, devendo ser declarada por via principal.
b) diferimento eficacial da lei anterior pelo Poder Legislativo.
c) ação direta de inconstitucionalidade para cindir a lei.
d) revogação da lei.
e) prossegue a ação direta de inconstitucionalidade impetrada antes da nova Constituição.

Gabarito oficial: "d"

A exemplo do procedimento de análise das questões e considerando as demais alternativas propostas, faremos uma abordagem geral sobre a posição do STF quanto à matéria.

O gabarito oficial identifica como correta a alternativa que afirma que a lei, anterior à Constituição nova, incompatível com esta é "revogada". Com tal posição, o STF afasta a aplicação da tese da inconstitucionalidade superveniente, ou seja, a "revogação" opera-se tacitamente (acontece pela reinterpretação). Procurando esclarecer a posição da Corte, diríamos que a lei maculada, embora permaneça no ordenamento (uma lei só pode ser revogada por outra lei da mesma natureza), fica despida de potencialidade jurídica (de eficácia).

Pela tese da inconstitucionalidade superveniente, uma lei editada sob a égide de uma Constituição revogada, conflitante com a nova Constituição (que inaugura uma nova ordem jurídica como parâmetro de validade) seria inconstitucional. Se adotado tal entendimento pela Corte, a lei conflitante seria objeto de controle abstrato, no nosso sistema, de Ação Direta de Inconstitucionalidade por Ação. Na mesma trilha, lei posterior ao novo Texto, que num primeiro momento fosse compatível (portanto, constitucional), seria, pela vigência de Emenda Constitucional que modificava o fundamento de validade (inconstitucional) objeto de Ação Direta de Inconstitucionalidade por Ação.

Não é esse o entendimento do STF, muito embora, entre outros, o Min. Sepúlveda Pertence (ADIn nº2 – 06/02/1992) venha reiterando a tese de que a norma anterior à Constituição e com ela inconciliável representa, primariamente, uma relação de inconstitucionalidade, embora não haja problema que se chame a hipótese de "revogação". Na continuidade de seu voto, diz o Ministro: *"revogação qualificada*, porque deriva da inconstitucionalidade superveniente de lei anterior à Constituição."

A posição predominante no STF tem por base a denominada "tese da contemporaneidade", segundo a qual a lei só poderá ser declarada inconstitucional em relação à Constituição em que a mesma foi editada. Reafirmando, assim, a posição quanto às leis anteriores à CF/88 e com ela conflitantes, implica não inconstitucionalidade e sim "revogação".

Tem a Corte mantido a observância da "tese da contemporaneidade" quando diz da impossibilidade jurídica de Ação Direta de Inconstitucionalidade de lei ou ato normativo, que após sua edição tenha ocorrido modificação, por Emenda Constitucional, quanto ao seu fundamento de validade, porquanto a norma constitucional invocada como padrão de aferição da inconstitucionalidade é posterior à lei. Ocorreria, no caso, a simples "revogação" da lei. Na ADIn 2.475, julgada em maio/2002, que tinha por objeto uma lei ordinária estadual editada em data posterior à CF/88 e anterior à EC nº 20/1998, assim se manifestou o relator Min. Maurício Corrêa: "Prejudicialidade da ação direta quando se verifica inovação substancial no parâmetro constitucional de aferição de regra legal impugnada."

Questão 48

A técnica de interpretação conforme a Constituição somente é utilizável quando a norma impugnada permite

a) uma só interpretação razoável e justa.

b) aplicação do princípio da proporcionalidade entre meio e fim da exigência legislativa.

c) várias interpretações da norma impugnada, das quais uma seja compatível com a Constituição.

d) verificar a univocidade de seu sentido.

e) alteração inequívoca do sentido da norma impugnada.

Gabarito oficial: "c"

O examinador propõe, nesta questão, avaliar o conhecimento do candidato quanto à interpretação constitucional que, muito embora tenha natureza similar ao procedimento interpretativo de normas ordinárias, exige, pela singularidade e supremacia da Constituição, a observância de alguns princípios (da unidade da Constituição, do efeito integrador, da máxima efetividade, da harmonização).

Como afirma o enunciado da questão, a técnica da interpretação conforme a Constituição será utilizada quando a norma admite várias interpretações. O pressuposto é a polissemia (ou plurissignificado) da lei, quando o STF dá preferência àquela mais identificada com a Constituição. Percebe-se que ao admitir o uso desse método de interpretação está o Poder Judiciário conservando o produto do Poder Legislativo (a lei), sem admitir, no entanto, sua validade se conflitante com a Constituição (a Lei nº 9.868/1999 – art. 28, parágrafo único – prevê a referida técnica).

Atente-se para o fato de que o intérprete não pode contrariar o texto literal nem o sentido da norma interpretada. Apenas, diante de um espaço de interpretação em que são admissíveis várias interpretações, o STF escolhe a que está em conformidade com a Constituição.

Análise das outras alternativas

a) Incorreta, como foi esclarecido, só haverá possibilidade do uso da "interpretação conforme a Constituição", se a lei admitir vários significados (plurissignificativa).

b) Incorreta. O princípio da proporcionalidade permite que na interpretação alguns conflitos (antinomias) sejam resolvidos pela constatação quanto à existência (ou não) de adequação entre motivo, meio e fim.

d) Incorreta, pela condição, o pressuposto particular que permitirá o uso da "interpretação conforme a Constituição".

e) Incorreta. Como tivemos o cuidado de aclarar, nas considerações feitas ao comentar o gabarito oficial, em nenhuma oportunidade poderá o intérprete comprometer a vontade do legislador.

Questão 49

Medida provisória recém editada tem o efeito imediato de inovar a ordem jurídica, mas o conteúdo jurídico que veicula somente adquire estabilidade normativa a partir do momento de sua conversão em lei pelo Congresso Nacional. Por outro lado, a rejeição parlamentar do projeto de sua conversão em lei ocasionará

a) a desconstituição *ex nunc* de sua eficácia jurídica.

b) autorização para que o Presidente da República reedite outra com o mesmo conteúdo.

c) autorização para que o Presidente da República edite outra afetando aspectos não essenciais daquela anteriormente repudiada pelo Congresso Nacional.

d) a desconstituição *ex tunc* de quaisquer atos editados com fundamento no ato presidencial repelido pelo Congresso Nacional.

e) a declaração de insubsistência da lei por parte da Mesa do Senado Federal.

Gabarito oficial: "d"

Trata a questão em tela do efeito da rejeição parlamentar (a não-conversão em lei) de medida provisória. Como a prova ocorreu no ano de 1999 e a matéria foi alterada pela EC nº32/2001, vamos examiná-la segundo a normação constitucional vigente, de onde temos:

1. Efeitos da não-conversão da medida provisória em lei:

– a medida provisória tem eficácia por sessenta dias a partir de sua publicação, prorrogando-se, automaticamente, se naquele prazo o Poder Legislativo não concluiu sua apreciação (esses prazos não correm durante o recesso parlamentar – § 4º do art. 62);

– a medida provisória, uma vez editada será, de imediato, submetida ao Congresso Nacional, quando, primeiro, uma Comissão Mista (Deputados e Senadores) deverá examinar o atendimento dos pressupostos constitucionais – urgência e relevância – ou seja, a Comissão dirá da legitimidade do uso da medida provisória (§ 5º do art. 62) e, segundo, a Resolução nº1/2002 do Congresso Nacional examinará a adequação financeira e orçamentária, bem como aspectos quanto à remessa ter sido feita (ou não) no dia da publicação da medida, acompanhada da respectiva mensagem e da necessária exposição de motivos.

Após a emissão do parecer pela Comissão Mista, a apreciação será feita na Câmara dos Deputados, pelo plenário daquela Casa e, após encaminhado ao Senado Federal que atuará na condição de Casa Revisora. A Resolução nº1/2002, anteriormente referida, estabelece que o plenário de cada Casa decidirá, em apreciação preliminar, o atendimento ou não dos pressupostos de relevância e urgência, bem como a adequação financeira e orçamentária, antes do exame do mérito. Se o plenário da Câmara ou do Senado decidir no sentido do não-atendimento dos pressupostos ou pela inadequação financeira ou orçamentária, a medida provisória será arquivada.

2. O Poder Legislativo, nos termos do hoje vigente art. 62, poderá:

– *aprovar a medida provisória sem qualquer alteração*, ou seja a sua conversão em lei ordinária, quando a promulgação será feita pelo Presidente do Senado Federal, na condição de Presidente do Congresso Nacional, sendo determinada, também, a devida publicação.

– *aprovar com alteração do texto original*, quando o projeto de conversão será submetido à apreciação do Presidente da República, que, não concordando com a alteração, oporá o veto e, em concordando, sancionará. Do mesmo modo, aquela autoridade fará a promulgação e determinará a publicação. No caso, conforme dispõe o § 12 do art. 62, até que o Presidente se manifeste (sancionando ou vetando), o texto original da medida provisória manter-se-á integralmente em vigor.

– *rejeitar tacitamente*, que decorre da não-apreciação no período de 120 dias (60 dias iniciais + 60 dias da prorrogação), o que implica a perda de eficácia desde a edição da medida provisória, operando efeitos *ex tunc*, quando nos termos do § 3º do art. 62, o Congresso Nacional deverá disciplinar as relações jurídicas dela decorrentes, por Decreto Legislativo.

Registre-se que, conforme o § 11 do art. 62, se não for editado o Decreto Legislativo mencionado, as relações jurídicas constituídas e decorrentes de atos praticados conservar-se-ão por ela regidas. Portanto, a própria medida provisória dará fundamentação legal aos seus efeitos.

– *rejeitar expressamente*, que ocorre quando o Poder Legislativo, por uma de suas Casas ou por ambas, não converte a medida provisória em lei, impedindo assim sua permanência, na condição de lei ordinária, no ordenamento. Também e por muito mais razão, já que a medida provisória produz efeitos desde a publicação, mas perde a eficácia *ex tunc* (desde a publicação), o Congresso Nacional deverá emitir Decreto Legislativo para regular as relações havidas (§ 3º do art. 62). A exemplo do que ocorre com a rejeição tácita, a competência do Congresso sofre um limite temporal – se, no prazo de 60 dias a contar da rejeição da medida provisória, não for baixado aquele Decreto Legislativo, expirada estará sua competência para disciplinar as relações jurídicas estabelecidas (§ 11 do art. 62).

3. Reedição de medida provisória – a EC nº 32/2001, ao incluir o § 10 ao art. 62, veda, de forma peremptória, tal procedimento na mesma sessão legislativa quando a medida provisória foi rejeitada ou quando perdeu a eficácia por decurso de prazo (quando ocorreu rejeição tácita). Entenda-se pela proibição da reedição da medida provisória, que a Constituição impede que a matéria objeto de uma medida provisória, rejeitada (tácita ou expressamente), possa ser novamente disciplinada por aquela espécie normativa. A proibição, no entanto, é temporal: na mesma sessão legislativa (15/02 a 15/12), significa que a matéria rejeitada poderá, na sessão legislativa seguinte, voltar a ser disciplinada por medida provisória.

4. Impacto da medida provisória sobre o ordenamento jurídico vigente: como a medida provisória, conforme define a CF/88, tem força de lei, as demais normas com ela conflitantes têm sua eficácia suspensa (não ocorre, conforme a melhor doutrina, ainda, a revogação). Se tivermos a rejeição da medida provisória, a lei que teve a sua eficácia suspensa volta a produzir efeitos, uma vez que ela não fora revogada. A lei anterior só será revogada pela lei ordinária produto da conversão da medida provisória.

Questão 50

O congressista, no exercício do cargo de ministro de Estado,

a) não perde a imunidade parlamentar material.

b) não goza de imunidade parlamentar material e processual.

c) não poderá ser processado sem licença de sua casa legislativa.

d) somente poderá ser processado se houver licença da Câmara e do Senado.

e) não perde a imunidade material e processual.

Gabarito oficial: "b"

Considerando a natureza, a razão de termos o reconhecimento de prerrogativas parlamentares (elementos que asseguram a independência do Poder Legislativo pelo reconhecimento de garantias aos parlamentares), a titularidade das mesmas só se justifica quando do exercício do mandato legislativo.

O art. 56 da CF/88 garante que o Deputado Federal ou o Senador não perderá o mandato quando investido no cargo, entre outros, de Ministro de Estado. Hoje, com o cancelamento da Súmula 4, podemos afirmar que não há perda do mandato (afasta-se do mandato) mas há perda das imunidades parlamentares (Informativo 135/STF – HC 78.093).

Análise das outras alternativas

a) Incorreta. Por muito mais razão perderá a imunidade material que consubstancia a inviolabilidade por opiniões, palavras e votos.

c) e d) A respeito destas alternativas, há que ser observado que, pela EC 35/2001, não mais é necessária a autorização da Casa Legislativa para que o parlamentar venha a ser processado e julgado.

e) Incorreta, conforme o exposto no comentário à alternativa "b".

XLIII Concurso de Ingresso à Carreira do Ministério Público do Rio Grande do Sul

Questão 41

Quanto aos subsídios dos Vereadores, é *correto* afirmar:

a) Compete ao Prefeito Municipal, atendidos os requisitos constitucionais, remeter projeto de lei à Câmara Municipal fixando os subsídios dos Vereadores.

b) A despesa total com a remuneração dos Vereadores não poderá ultrapassar o montante de 5% (cinco por cento) da receita do Município.

c) O subsídio dos Vereadores é fixado por lei municipal em sentido estrito e não pode exceder a 75% (setenta e cinco por cento) daquele estabelecido, em espécie, para os Deputados Estaduais.

d) A Câmara Municipal possui ampla liberdade para fixar a remuneração dos Vereadores, cabendo ao Prefeito Municipal, através do veto, impedir a adotação de remuneração que inviabilize o orçamento do Município.

e) Não compete à Câmara Municipal votar os vencimentos dos Vereadores pois se assim o fizesse estaria legislando em causa própria.

Gabarito oficial: "b"

A CF/88, no art. 29,VII, expressamente, determina que o total da despesa com a remuneração dos Vereadores não poderá ultrapassar o montante de 5% (cinco por cento) da receita do Município.

Análise da demais alternativas

a) Incorreta. O subsídio dos Vereadores será fixado pela própria Câmara Municipal em cada legislatura para a subseqüente. A CF/88 não determina que deva ser por lei e, por simetria à forma de estabelecimento de subsídio dos Deputados Federais e dos Senadores, a Câmara Municipal expedirá decreto legislativo (lembrando que esta espécie normativa não vai à deliberação do Poder Executivo). Pela EC n° 25/2000, ficou determinada a observância da anterioridade da legislatura (apenas para definição do subsídio dos Vereadores). Pela EC n°19/1998, em relação aos subsídios do Prefeito, do Vice-Prefeito e dos Secretários Municipais, não mais é aplicada a regra da anterioridade, sendo a definição dos valores estabelecida por lei conforme a redação dada ao art. 29, V (lembrar que, após a vigência da EC nº 41/2003 deverá haver a observância dos limites estabelecidos no inciso XI do art. 37).

c) Incorreta. A EC nº25/2000 definiu percentuais considerando a população do Município, sendo que somente nos Muncípios com mais de 500.000 habitantes, os Vereadores poderão ter subsídio que corresponda à 75% do subsídio dos respectivos Deputados Estaduais (art. 29, VI e alíneas).

d) Incorreta. Efetivamente, quem define o valor do subsídio de seus Vereadores é a própria Câmara, no entanto, terá que observar os limites estabelecidos na CF/88, de onde temos, de acordo com decisão discricionária, o valor máximo de:

– 20% do subsídio dos Deputados Estaduais, em Municípios de até dez mil habitantes;

– 30% do subsídio dos Deputados Estaduais, em Municípios de dez mil e um a cinqüenta mil habitantes;

– 40% do subsídio dos Deputados Estaduais, em Municípios de cinqüenta mil e um a cem mil habitantes;

– 50% do subsídio dos Deputados Estaduais, em Municípios de cem mil e um a trezentos mil habitantes;

– 60% do subsídio dos Deputados Estaduais, em Municípios de trezentos mil e um a quinhentos mil habitantes;

– 75% do subsídio dos Deputados Estaduais, em Municípios de mais de quinhentos mil habitantes.

Some-se a essa limitação expressa da CF/88, primeiro, a determinação quanto ao total da despesa com a remuneração dos Vereadores (não poderá ultrapassar o montante de 5% da receita do Município) e, também, o disposto no art. 29-A que diz do total da despesa do Poder Legislativo Municipal, que precisa ser compatibilizado com o § 1º do respectivo artigo (a Câmara não gastará mais de 70% de sua receita – entenda-se da previsão orçamentária).

e) Incorreta, como já esclarecemos, o ato que estabelece o subsídio dos Vereadores é de competência da própria Casa Legislativa.

Questão 42

A Constituição Federal veda a filiação partidária de militar, enquanto em serviço ativo. Assinale a alternativa *correta*.

a) Enquanto permanecer na ativa o militar não poderá concorrer a cargo público eletivo.

Direito Constitucional
Análise das questões dos Concursos de Ingresso à Carreira do Ministério Público

b) Somente o oficial superior poderá concorrer a cargo público eletivo, desde que passe para a reserva antes da eleição.

c) O militar alistável é elegível, inclusive enquanto permanecer na ativa.

d) Somente os conscritos, por não serem militares profissionais, são elegíveis para cargos públicos eletivos.

e) Nenhuma das alternativas é correta.

Gabarito oficial: "c"

Para oportunizar um estudo sistematizado quanto à matéria, faremos não a análise de cada alternativa, mas uma abordagem ampla.

A titularidade de direitos políticos (condição de cidadão) confere ao nacional a capacidade eleitoral ativa (votar) e a capacidade eleitoral passiva (ser votado). O militar, enquanto na condição de conscrito, ou seja, no cumprimento do serviço obrigatório, está impedido de alistar-se como eleitor, o que implica a condição de não-elegível.

De outra forma, o militar elegível, conforme dispõe o § 3°, inciso V, do art. 142 da CF/88, enquanto em serviço ativo, não pode estar filiado a partido político. Quando a CF/88 estabelece as condições de elegibilidade, no inciso V do § 3° do art. 14, determina que, para o exercício da capacidade eleitoral passiva, é preciso ter filiação partidária. Para preencher tal condição temos a regra estabelecida no § 8° do art. 14, de onde: – o militar que contar menos de dez anos de serviço deverá afastar-se da sua atividade, e o militar que contar mais de dez anos de serviço será agregado pela autoridade superior, devendo, se eleito, passar, no ato da diplomação, para a inatividade. Assim estabelecendo a CF/88, fica em aberto a questão da proibição de filiação partidária anteriormente referida. O Tribunal Superior Eleitoral firmou entendimento, para deslinde da situação, que suprirá a ausência da prévia filiação partidária o registro da candidatura apresentada pelo partido político e autorizada pelo candidato.

O tema, no entanto, não se esgota, considerando que há outro aspecto de igual importância e que tem relevante significado. Há que se questionar se a CF/88 recepcionou o art. 98 da Lei n° 4.737/1965 (Código Eleitoral), que assim dispõe:

Os militares alistáveis são elegíveis, atendidas as seguintes condições:

I – o militar que tiver menos de 5(cinco) anos de serviço será, ao se candidatar a cargo eletivo, excluído do serviço ativo;

II – o militar em atividade com 5 (cinco) ou mais anos de serviço, ao se candidatar a cargo eletivo, será afastado, temporariamente, do serviço ativo, como agregado, para tratar de interesse particular;

III – o militar não excluído e que vier a ser eleito, será, no ato da diplomação, transferido para a reserva ou reformado.

A Constituição Federal vigente à época, reformulada pela EC nº 9/1964, regrava a matéria nos seguintes termos:

Art. 138 ...

Parágrafo único Os militares alistáveis são elegíveis, atendidas as seguintes condições:

a) o militar que tiver menos de cinco anos de serviço será, ao se candidatar a cargo eletivo, excluído do serviço ativo;

b) o militar em atividade com cinco ou mais anos de serviço, ao se candidatar a cargo eletivo será afastado, temporariamente, do serviço ativo, como agregado, para tratar de interesse particular;

c) o militar não excluído e que vier a ser eleito, será, no ato da diplomação, transferido para a reservada ou reformado, nos termos da lei, ressalvada a situação dos que presentemente estejam em exercício de mandato eletivo, e até o seu término.

A Constituição de 1967, no art. 145 em seu parágrafo único, tinha redação semelhante. Nenhuma alteração foi feita pela EC nº1/1969.

Fica evidente, do exposto, que ocorreu, pela deliberação do constituinte de 1988, uma substancial alteração no tratamento da matéria. Em nenhum momento o Texto atual estabelece a "exclusão", refere-se, apenas, a "afastamento" (será afastado), parece-nos, assim, que aquela disposição do Código Eleitoral não foi recepcionada. No mesmo compasso o Min. Maurício Corrêa, como relator no RE 279.469, considerou como não recebidos pela CF/88 o art. 98, I, II, III bem como o Parágrafo Único do art. 5º, todos do Código Eleitoral, por entender que o art. 14 § 8º, da Constituição vigente, não determina a exclusão do militar que conte menos de dez anos de serviço, mas sim permite o seu afastamento provisório.

O RE 279 469 foi interposto contra ácordão do Tribunal de Justiça do Rio Grande do Sul, que reconhecera a ex-servidor militar, demitido *ex officio*, por ter pedido afastamento para candidatar-se ao cargo de vereador quando contava com menos de dez anos de serviço, o direito à reintegração no serviço ativo com o ressarcimento das vantagens devidas.

Para melhor fundamentar nosso entendimento, é oportuno trazer à colação a afirmação do Min Corrêa: "a perda definitiva do cargo, na espécie, ofenderia o princípio da proporcionalidade, além de violar a garantia assegurada pela Constituição Federal, inclusive a militares, de amplo exercício dos direitos políticos inerentes à cidadania." (Em 14/04/2004, o Min Cezar Peluso pediu vista).

Questão 43

Assinale a alternativa *correta*

a) É preceito constitucional o julgamento do Prefeito perante o Tribunal de Justiça do Estado.

b) Em face do princípio do juiz natural o Prefeito é julgado perante o Juiz de Direito do Município ou com jurisdição sobre este.

c) Compete à Câmara Municipal julgar o Prefeito pela prática de crime de responsabilidade.

d) Acusado da prática de crime doloso contra a vida, o Prefeito será julgado perante o Tribunal do Júri.

e) Nenhuma das alternativas é correta.

Gabarito oficial: "a"

Por fidelidade metodológica, em vez de examinarmos cada alternativa, faremos um comentário geral sobre o tema objeto do questionamento: responsabilidade do Prefeito Municipal e prerrogativas estabelecidas na CF/88.

A) *crime de responsabilidade*, a EC nº 25/2000 enumerou três hipóteses de "crime de responsabilidade" do Prefeito Municipal, ao acrescentar o art. 29-A, tipificando como tal: a) efetuar repasse à Câmara Municipal que supere os limites definidos no artigo; b) não enviar o repasse até o dia vinte de cada mês; c) enviá-lo a menor em relação à proporção fixada na Lei Orçamentária.

Quanto ao tema, há que se examinar, de outro modo, o disposto no Decre to-Lei nº 201/ 27.02.67, recepcionado pela CF/88. No art. 1º daquele dispositivo legal temos arrolados os procedimentos do Chefe do Executivo local que caracterizam "crime de responsabilidade". Circunstância em que o Prefeito será julgado pelo Poder Judiciário, dispensada a manifestação da Câmara de Vereadores (autorização). Nos termos do art. 4º do referido Decreto-Lei, estão arrolados os comportamentos que tipificam as denominadas "infrações político-administrativas", quando será de competência da respectiva Câmara de Vereadores o julgamento, sendo possível a aplicação da sanção maior – a cassação do mandato do Chefe do Poder Executivo Municipal. A denúncia poderá ser feita por cidadão que a formalizará expondo os fatos e indicando as provas. Se o denunciante for Vereador, ficará impedido de votar quando da admissibilidade da denúncia e de integrar a Comissão processante. A condenação, que implica a perda do mandato, só acontecerá pelo voto, de no mínimo, dois terços da Casa (se o resultado da votação for absolutório, o Presidente da Câmara de Vereadores, determinará o arquivamento do processo).

B) *foro privilegiado*, é reconhecida tal prerrogativa aos Prefeitos Municipais, na expressa previsão do Inciso X do art. 29 da CF/88. Tem a jurisprudência, em particular a do STF, procurado estabelecer a correta interpretação daquele inciso, de onde temos: Súmula 702 – *a competência do Tribunal de Justiça para julgar prefeitos restringe-se aos crimes de competência da justiça comum estadual; nos demais casos, a competência originária caberá ao respectivo Tribunal de Segundo Grau.* Nos termos de tal mandamento jurisprudencial compreende-se que: – crimes eleitorais, serão julgados pelo TRE (Tribunal Regional Eleitoral); – infrações praticadas em detrimento de bens, serviços e interesses da União, será competente o TRF (Tribunal Regional Federal). O STF, entende, ainda, que a competência do Tribunal de Justiça para processar e julgar Prefeitos Municipais por crimes comuns, compreende, também, os relativos à malversação de verbas recebidas da União (HC 78 728-2 RS).

Quanto às ações cíveis de modo geral, as ações populares, as ações civis públicas, processam-se perante o Juiz de Direito da comarca.

A Corte também estabeleceu a Súmula 703 – *A extinção do mandato de Prefeito não impede a instauração de processo pela prática dos crimes previstos no art. 1º do Decreto-Lei nº 201/1967.*

Questão 44

A possibilidade de revogação de normas constitucionais através da legislação ordinária é característica de determinado tipo de Constituição. Qual das seguintes Constituições do Rio Grande do Sul era desse tipo:

a) A Constituição de 1989.

b) A Constituição castilhista de 1891.

c) A Constituição parlamentarista de 1947.

d) A Constituição de 1970.

e) A Constituição Farroupilha de 1843.

Gabarito oficial: "e"

O enunciado da questão refere-se a uma particularidade em que a própria Constituição Estadual admitia a alteração de suas normas por legislação ordinária. Refere-se, conforme o gabarito oficial, à Constituição Farroupilha de 1843. Tal Constituição considerou a existência de normas materialmente constitucionais (as referentes aos limites e atribuições dos poderes políticos e aos direitos políticos e individuais) e normas meramente formais. Em relação àquelas, eventual reforma deveria observar, primeiro, um limite temporal de quatro anos, e um *quorum*, mínimo, de um terço de cada Câmara (tínhamos, no âmbito estadual, duas Casas Legislativas – a Câmara dos Deputados e o Senado) Em havendo aprovação, a alteração da Constituição dar-se-ia por meio de uma lei ordinária.

Quanto às demais disposições constitucionais, poderiam ser alteradas (reformadas) "sem as formalidades referidas pelas legislaturas ordinárias" (arts. 235, 238 e 240 da Constituição Farroupilha de 1843).

Questão 45

Qual dentre as alternativas abaixo é cabível para obtenção da declaração de inconstitucionalidade, com efeito *erga omnes*, de lei (em sentido formal e material) editada por Município?

a) Ação direta de inconstitucionalidade perante o Tribunal de Justiça do Estado.

b) Ação direta de inconstitucionalidade perante o Supremo Tribunal Federal.

c) Mandado de segurança coletivo.

d) Recurso extraordinário.

e) Argüição de Descumprimento de Preceito Fundamental, proposta pelo Prefeito Municipal.

Gabarito oficial: "a"

A CF/88 em seu art. 125 § 2º, confere aos Estados a instituição de representação de inconstitucionalidade de leis ou atos normativos estaduais ou municipais em face da Constituição Estadual. A Constituição do Estado do Rio Grande do Sul estabelece, no art. 95, XII, "d", que será da competência do Tribunal de Justiça o processo e julgamento de ação direta de inconstitucionalidade, quando da falta de parametricidade entre leis e atos normativos estaduais ou leis e atos municipais e a Constituição do Estado. Como se trata de controle abstrato onde se busca, através do Poder Judiciário, expelir do ordenamento a lei ou ato normativo viciado (o interesse é público), o efeito da decisão será *erga omnes* (desobriga a todos).

Análise das outras alternativas

b) Incorreta. O STF tem reiterado a posição de que a CF/88 não conferiu a ele a competência, no controle abstrato, julgar a inconstitucionalidade de lei municipal, razão pela qual não acolhe ação direta de inconstitucionalidade (ADIn) de lei municipal decorrente do exercício da competência municipal. Em relação ao Distrito Federal, a quem são conferidas competências legislativas estadual e municipal, o STF expediu a Súmula 642 – *Não cabe ação direta de inconstitucionalidade de lei do Distrito Federal derivada da sua competência legislativa municipal.*

c) Incorreta. O mandado de segurança (individual ou coletivo) é remédio constitucional para proteger direito líquido e certo, não tendo a finalidade de ver a lei questionada declarada inconstitucional. Pode, isto sim, no exame de mandado de segurança ser, incidentalmente, levantada a questão da inconstitucionalidade, mas com o objetivo de eximir os beneficiados do cumprimento de lei maculada. Para sustentar nosso entendimento, temos a posição do STF consubstanciada na Súmula 266 – *Não cabe mandado de segurança contra lei em tese.*

d) Incorreta segundo o gabarito oficial. Realmente o Recurso Extraordinário não é instrumento utilizado para que uma lei municipal venha a ser declarada inconstitucional.

Ocorre, no entanto, que o STF, em 1992 (Reclamação n° 383/SP), modificando posicionamento anterior, passou a admitir que o Tribunal de Justiça julgasse a ação direta de lei municipal violadora de dispositivos da Constituição Estadual, repetitivos da Constituição Federal.

Compatibilizando tal entendimento com a disposição constitucional que estabelece as circunstâncias em que poderá ocorrer o RE – art. 102, III, *a, b, c* – se o Tribunal de Justiça julgar constitucional a lei municipal em tela, caberá RE, especificamente para recorrer de decisão, em única instância, que contraria disposição da CF/88.

Em RE 187.142-RJ – 13/08/98, aquela Corte definiu, ao resolver uma questão de ordem suscitada pelo então Ministro Moreira Alves, que "a decisão tomada em recurso extraordinário interposto contra acórdão de Tribunal de Justiça em representação de inconstitucionalidade de lei municipal frente à Constituição Estadual (CF/88 art. 125, § 2°), tem eficácia *erga omnes*, por se tratar de controle concentrado ainda que a via do recurso extraordinário seja própria do controle difuso, eficácia essa que se estende a todo o território nacional."

Observação: esta questão poderia ser impugnada, uma vez que temos duas alternativas corretas, pelas razões expostas.

e) Incorreta. A ação de argüição de descumprimento de preceito fundamental, nos termos da Lei n° 9.882/99, admite como objeto a lei municipal. A incorreção da alternativa em análise está na legitimidade para agir – Prefeito Municipal.

Esta autoridade não tem tal prerrogativa, uma vez que os legitimados são as autoridades e instituições elencados no art. 103 da CF/88 (os legitimados para impetrar a ação direta de inconstitucionalidade).

Questão 46

Relativamente à Ação Declaratória de Constitucionalidade é *correto* afirmar:

a) O Presidente do Congresso Nacional é legitimado ativo.

b) Dispositivo constitucional autoriza o Supremo Tribunal Federal a conceder liminares com efeito vinculante.

c) O Advogado-Geral da União é legitimado ativo.

d) A jurisprudência do Supremo Tribunal Federal contempla a concessão de liminares com efeito vinculante.

e) O efeito vinculante depende de aprovação de Emenda Constitucional que trata da Reforma do Poder Judiciário.

Gabarito oficial: "d"

A Ação Declaratória de Constitucionalidade incorporou o sistema de controle, através da EC n° 3/ 17.03.1993. Tem a referida ação a finalidade de uniformizar a interpretação de lei federal que tenha suscitado controvérsias dentre os órgãos do Poder Judiciário ("relevante controvérsia judicial", diz a Lei) Tem o STF, no caso, o dever de estabelecer uma orientação homogênea. Sobre esse entendimento, assim se manifestou o Min. Néri da Silveira (ADC n° 1) : " destina-se a tornar mais rápida a definição do Poder Judiciário, em abstrato, sobre a validade ou não de lei ou ato normativo federal, evitando-se, pois, se prolongue, no tempo, com prejuízo à Justiça, as dúvidas sobre a constitucionalidade da norma, com autêntico tumulto nos Juízos e Tribunais que houverem de aplicá-la, pelo volume de demandas e divergências, em torno do mesmo tema."

Quanto à concessão de cautelar na ADC, não prevista na Constituição, o STF, tendo por base o "poder geral de cautela", admitiu tal procedimento. A concessão dependeria de observância do "princípio de reserva de plenário" (maioria absoluta do STF), tendo por fim sustar, até o julgamento de mérito, a decisão que tivesse por pressuposto a declaração de constitucionalidade ou inconstitucionalidade da lei objeto da Ação. Admitindo, em decisão específica, os efeitos vinculante e *ex nunc* da cautelar (ADC n° 4).

Hoje, com a vigência da Lei n° 9.868/99 temos, no art. 21 e parágrafo único, a disciplina da matéria ao ratificar o entendimento do STF e determinando, ainda, o prazo de 180 dias para o julgamento do mérito da ADC, sob pena de perda de eficácia da cautelar concedida.

Análise das outras alternativas

a) Vamos analisar a alternativa considerando a alteração trazida pela Emenda Constitucional n° 45/2004, a respeito da matéria.

Nem o Texto original nem a alteração trazida pela referida Emenda deferiram ao Presidente do Congresso Nacional a legitimidade para argüir a inconstitucionalidade ou para ingressar com Ação Declaratória de Constitucionalidade (ADC). É oportuno deixarmos registradas as inovações na EC 45/2004 quanto à Ação Declaratória de Constitucionalidade, a saber:

– foi conferida legitimidade para impetrar a referida ação a todos os legitimados da ação direta de inconstitucionalidade (arrolados no art 103 – CF/88);

– foi alterado o objeto da ação declaratória de constitucionalidade, admitindo agora, além das leis e atos normativos federais, as leis e atos normativos estaduais, desde que gerem significativa controvérsia judicial, quando de sua interpretação.

Observação: a EC n° 45/2004 revogou o § 4° do art 103 e modificou o conteúdo do *caput* do próprio artigo.

b) Incorreta, como observamos no comentário à alternativa "d", tal prerrogativa é produto de jursiprudência, positivado pela Lei nº 9.868/99, sendo que em nenhum momento a Constituição faz tal previsão.

c) Incorreta, ver comentário, sobre a legitimidade na Ação em tela, feito à alternativa "a". A respeito do Advogado-Geral da União, o STF afastou a obrigatoriedade de sua citação na ADC.

e) Incorreta. O efeito vinculante da decisão de mérito da ADC veio estabelecido pela EC nº 3/93 quando da instituição de tal mecanismo de controle (§ 2º art. 102).

Questão 47

Qual o juízo competente para processar o ex-Deputado pelo crime de lesões corporais graves praticado quando no exercício do mandato?

a) O Juiz de Direito.

b) O Tribunal de Justiça.

c) O Superior Tribunal de Justiça.

d) O Supremo Tribunal Federal.

e) O Plenário da respectiva Casa Legislativa.

Gabarito oficial: "a"

Trata o questionamento da prerrogativa de foro de parlamentar, no caso Deputado (Federal ou Estadual?).

A posição do STF está no sentido de que o foro por prerrogativa de função só alcança as autoridades enquanto estiverem no exercício do mandato. O que equivale dizer: com o fim do mandato, termina o direito ao foro especial, devendo os autos ser remetidos à justiça ordinária competente. Registre-se que o STF cancelou, em 25/08/99, a Súmula 394 (*Cometido o crime durante o exercício funcional, prevalece a competência especial por prerrogativa de função, ainda que o inquérito ou a ação penal sejam iniciados após a cessação daquele exercício*).

Questão 48

Relativamente às competências dos entes federativos, é *correto* afirmar:

a) Inexistindo lei federal, os Estados poderão legislar sobre matéria eleitoral.

b) Compete exclusivamente à União legislar sobre proteção e integração social das pessoas portadoras de deficiência e proteção à infância e à juventude.

c) Os Municípios não têm competência para proteger os monumentos, as paisagens naturais notáveis e os sítios arqueológicos.

Direito Constitucional
Análise das questões dos Concursos de Ingresso à Carreira do Ministério Público

d) Impedir a evasão, a destruição e a descaracterização de obras de arte e de outros bens de valor histórico, artístico ou cultural é competência comum de todos os entes da federação.

e) Preservar as florestas, a fauna e a flora compete exclusivamente à União, aos Estados e ao Distrito Federal.

Gabarito oficial: "d"

O art. 23 da CF/88 prevê a denominada competência comum, exercitável conjuntamente, em parceria, pelos entes federativos. A finalidade de tal previsão é fazer com que o Poder Público, em geral, coopere na execução de determinadas matérias. Todos são chamados à responsabilidade ("zelar", "cuidar", "proteger", "preservar", "promover"). São matérias que o concurso dos distintos entes federados é reclamado em função do interesse público na preservação de certos bens e no cumprimento de algumas metas de alcance social.

O inciso IV do art. 23 (*impedir a evasão, a destruição e descaracterização de obras de arte e de outros bens de valor histórico, artístico ou cultural*) constitui claramente um "bem comum" a ser preservado.

Quanto ao exercício das competências materiais comuns, há que ser compatibilizado com as regras constitucionais de repartição de competência, com particular atenção àquelas de competência legislativa. Fernanda Dias Menezes de Almeida ("Competências na Constituição de 1988"), pondera que: "pelo cotejo dos artigos 23 e 24, as leis que servirão de embasamento para a execução das tarefas comuns serão, em sua maior parte, fruto de competência legislativa concorrente, em que caberá à União editar normas gerais e às demais esferas a legislação suplementar.

Análise das demais alternativas

a) Incorreta, matéria de direito eleitoral é competência privativa da União (art. 22,I). Os Estados só poderão legislar sobre questão específica de direito eleitoral, quando (e se) a União, através de lei complementar, fizer tal delegação. Se, não existindo a lei complementar, o Estado vir a legislar sobre matéria arrolada no art. 22, temos uma inconstitucionalidade formal da lei estadual (o que leva à declaração de inconstitucionalidade total).

b) Incorreta. Trata-se de competência concorrente (art. 24, XIV e XV, denominada por Manoel Gonçalves de "não-cumulativa"), de onde temos que à União caberá o estabelecimento da norma geral limitativa, de vez que a União deverá apenas estabelecer a orientação geral. É oportuno trazer à colação a lição de Pontes de Miranda quanto às normas gerais, quando afirma que tais normas são caracterizadas como normas fundamentais, restritas a estabelecer diretrizes, sem possibilidade de codificação exaustiva. Com efeito, caberá aos Estados e ao Distrito Federal a adequação às peculiaridades locais, ou seja, deverão àqueles Entes federados, suplementar a norma geral. O eventual conflito destas leis com a norma geral implica uma ilegalidade.

Em tema de competência concorrente deve-se, ainda, considerar:

1°) faltando a norma geral (omissão da União) os Estados e o Distrito Federal exercerão a competência legislativa plena (competência supletiva) Segundo a doutrina, é exatamente esta possibilidade que tipifica a verdadeira noção de "concorrência" entre os entes federados. Como essa prerrogativa não é conferida aos Municípios, que têm apenas a competência suplementar (art. 30, II) alguns doutrinadores entendem que os mesmos não têm competência concorrente, uma vez que a atuação municipal pressupõe, necessariamente, a existência de legislação federal ou de legislação estadual.

2°) o exercício da competência supletiva (plena) pelos Estados e pelo Distrito Federal não impede que a União venha a legislar sobre normas gerais. Eventual conflito daquelas leis com esta implicará na suspensão da eficácia da lei estadual ou da lei distrital, o que não implica a revogação.

3°) Incorreta. O art. 23, III, ao definir matérias de competência comum, confere à União, aos Estados e aos Municípios a obrigação, de forma cooperativa, de proteger os documentos, as obras e outros bens de valor histórico, artístico e cultural, os monumentos, as paisagens naturais notáveis e os sítios arqueológicos.

e) Incorreta. A competência é comum a todos os entes federados (art. 23,VII).

Questão 49

Relativamente ao condenado em face de erro judiciário, e ao que ficar preso além do tempo fixado pela sentença, é *correto* afirmar:

a) Têm direito, apenas, a serem soltos imediatamente.

b) Têm direito a receber indenização paga com recursos orçamentários.

c) Têm direito à imediata soltura, mas o direito à indenização depende de demonstração de culpa.

d) Serão libertados imediatamente após a devida apuração de responsabilidade

e) Nenhuma das alternativas é correta.

Gabarito oficial: "b"

O inciso LXXV do art. 5° confere a garantia de indenização, por parte do Estado, quando do erro judiciário e quando do excesso legal de tempo de prisão fixado pela sentença.

Quando de erro judiciário, os instrumentos cabíveis para seu reconhecimento e fixação de indenização serão: a revisão criminal (CPP, art. 621, I, II, III) e a ação própria no juízo cível. (STF "Não é o *habeas corpus* instrumento processual adequado para o reconhecimento do direito, que se pretende ter, à indenização, com base no art. 5º, LXXV, da Constituição Federal" (HC 70 766-RS).

O acórdão em revisão criminal ou a sentença civil que reconhece o direito à indenização por erro judiciário constitui título judicial executório, devendo ser liquidado no juízo cível.

No caso de permanência na prisão além do tempo fixado na sentença, cabe pleitear indenização em ação própria no juízo cível.

A responsabilidade do Estado é objetiva, fundamentando-se na *teoria do risco integral*, de onde, ocorrendo danos morais ou materiais ao condenado, não poderá o Estado invocar qualquer causa de exclusão de seu dever de indenizar. A indenização poderá ser tanto por danos materiais (danos emergentes e lucros cessantes) como por danos morais.

Questão 50

Relativamente ao inciso XIII do artigo 5º da Constituição Federal ("É livre o exercício de qualquer trabalho, ofício ou profissão, atendidas as qualificações que a lei estabelecer") é *correto* afirmar:

a) É norma de eficácia limitada e aplicabilidade imediata.

b) É norma desprovida de aplicabilidade imediata e requer integração de lei complementar estrito senso.

c) É norma de eficácia contida e aplicabilidade imediata.

d) É norma de eficácia contida, desprovida de aplicabilidade imediata.

e) É norma de princípio institutivo.

Gabarito oficial: "c"

O enunciado da questão tem como objetivo identificar a condição de aplicabilidade da norma constitucional expressa no Inc XIII do art. 5º. Trata-se, segundo a Teoria de José Afonso, de uma norma de eficácia contida e de aplicabilidade imediata, mas não integral. A restrição compreende a possibilidade da lei infraconstitucional definir condições quanto à qualificação profissional (que não será, é óbvio, formal).

Em regra, lembrando o que já foi afirmado em comentário neste trabalho, a remissão à legislação futura feita pela norma constitucional de eficácia contida visa a restringir-lhe a plenitude da eficácia. No entanto, a atuação do legislador ordinário deverá ser razoável, ou seja, não poderá restringir mais do que lhe foi indicado pela norma constitucional.

De outro modo, enquanto o legislador não expedir a norma restritiva, a eficácia da norma constitucional será plena.

XLIV Concurso de Ingresso à Carreira do Ministério Público do Rio Grande do Sul

Questão 41

Considere as seguintes assertivas sobre eficácia das normas constitucionais:

I – Não se admite a existência de norma constitucional destituída de eficácia.

II – Norma constitucional de eficácia contida é aquela que requer intervenção do legislador para produzir todos os seus efeitos jurídicos.

III – As normas constitucionais definidoras dos direitos e garantias fundamentais têm eficácia plena

Quais são corretas?

a) Apenas I

b) Apenas I e II

c) Apenas I e III

d) Apenas III

e) I, II e III

Gabarito oficial: "a"

Analisando as assertivas apresentadas, temos:

I – Não admissão de normas constitucionais destituídas de eficácia

Preliminarmente, vamos registrar a lição de José Afonso: "não há norma constitucional alguma destituída de eficácia... O que se pode admitir é que a eficácia de certas normas constitucionais não se manifesta na plenitude dos efeitos jurídicos pretendidos pelo constituinte, enquanto não se admitir uma normação jurídica ordinária ou complementar executória, prevista ou requerida" (*in* Aplicabilidade das Normas Constitucionais). Não é outro o entendimento de Uadi Lamnêgo Bulos (*in* Manual de Interpretação Constitucional), quando diz não haver na Constituição norma não-jurídica ou com eficácia normativa dependente ou futura.

Devemos considerar que as normas constitucionais contêm princípios e fins vinculantes para o Estado (Poderes e órgãos estatais), consistindo

Direito Constitucional

Análise das questões dos Concursos de Ingresso à Carreira do Ministério Público

111

limites para elaboração de atos normativos, bem como conferindo direitos (aos indivíduos, às autoridades e instituições legitimadas) de exigir a abstenção da prática de atos contrários às disposições constitucionais.

O tema versado sugere reiterar os conceitos "vigência", "legitimidade" e "eficácia", de onde temos:

1 – *vigência*, a qualidade da norma, sua existência jurídica e sua capacidade de impor observância obrigatória. É condição de efetivação da eficácia (plano da existência);

2 – *legitimidade*, é a condição de validade da norma. Em se tratando de norma infraconstitucional, a legitimidade decorre da compatibilidade vertical com a Constituição (norma superior que informa e confere validade a todo o ordenamento). E a Constituição, onde busca a legitimidade? Como norma incial (não há outra acima dela), sua legitimidade decorre do Poder Constituinte Originário, que tem como titular o povo (Colégio Eleitoral = Eleitorado Nacional – Povo). Só o povo tem legitimidade para determinar o estabelecimento de uma Constituição. Em havendo exercício do Poder Constituinte Originário, sem sua autorização, não há que se falar em Constituição legítima.

3 – *eficácia*, é a norma com potencialidade, ou seja, aptidão para produzir efeitos. A eficácia e a aplicabilidade das normas constitucionais constituem, segundo José Afonso, em fenômenos conexos, encarados por prismas distintos, enquanto a eficácia é potencialidade, a aplicabilidade é realizabilidade, praticidade.

II – A assertiva está incorreta. A norma constitucional de eficácia contida tem aplicabilidade imediata e direta, sendo que sua eficácia independe da interferência do legislador ordinário (ao contrário do que ocorre com as normas constitucionais de eficácia limitada). A atuação do legislador ordinário que deverá ser no estrito limite constitucional, vai estabelecer uma restrição, à eficácia e à aplicabilidade (a restrição, como já tivemos oportunidade de registrar, não é feita apenas pela lei, mas também por outras normas constitucionais e por conceitos éticos-juridicizados).

Na classificação desta norma temos nomenclaturas distintas, tais como: "norma constitucional de eficácia redutível" ou "norma constitucional de eficácia restringível" ou, ainda, "norma constitucional com eficácia relativa restringível".

III – A assertiva está incorreta, uma vez que nem todas as normas constitucionais definidoras dos direitos e garantias fundamentais (direitos individuais; direitos coletivos; direitos sociais; direitos políticos; direito à nacionalidade) têm eficácia plena.

Cabe, nos quadrantes da indagação, trazer algumas observações sobre a interpretação do § 1º do art. 5º da CF/88, que diz da aplicação imediata das normas definidoras dos direitos e garantias fundamentais. Com proprie-dade, Celso Ribeiro Bastos (in Comentários à Constituição do Brasil – 2º volume) assim interpreta o dispositivo constitucional: "o conteúdo deste parágrafo consiste no seguinte: o princípio vigorante é o da aplicabilidade imediata, que, no entanto, cede em duas hipóteses: a) quando a Constituição expressamente refere que o direito acenado só será exercitável nos termos e na forma da lei; b) quando o preceito constitucional for destituído de elementos mínimos que assegurem sua aplicação, é dizer, não pode o vazio semântico ser tão acentuado a ponto de forçar magistrado a converter-se em legislador".

Questão 42

Em relação ao controle de constitucionalidade das leis ou atos normativos no direito brasileiro, é *correto* afirmar que a Constituição da República
A) não contempla modalidade de controle político.
B) não admite a propositura de ação declaratória de constitucionalidade pela Mesa do Congresso Nacional.
C) prevê que as decisões definitivas de mérito proferidas em ação declara-tória de constitucionalidade ou em ação direta de inconstitucionalidade pro-duzirão efeitos *erga omnes*.
D) prevê a possibilidade de controle por via de ação direta, perante o Supre-mo Tribunal Federal, de leis ou atos normativos municipais.
E) prevê a possibilidade dos órgãos fracionários dos tribunais declararem a inconstitucionalidade de lei ou ato normativo.

Gabarito oficial: "b"

Correto, não tem a Mesa do Congresso Nacional legitimação para pro-por a Ação Declaratória de Constitucionalidade (ADC). A legitimação, após a vigência da EC nº 45/2004 é deferida aos legitimados para o uso da Ação Direta de Inconstitucionalidade (ADIn por Ação), art. 103, *caput*.

Análise das outras alternativas

a) Incorreta. A doutrina classifica o controle de constitucionalidade pela natureza do órgão que o efetiva, em "controle político" e em "controle judicial". A expressão "controle político" corresponde à fiscalização feita por órgão que tenha a natureza política, a saber, o Poder Legislativo (pelo exame quanto à admissibilidade do projeto de lei ou da proposta de emenda constitucional pela Comissão de Constituição e Justiça) pela rejeição do veto jurídico do titular do Poder Executivo; pela sustação de ato normativo do Executivo, conforme dispõe o Inc. V do art. 49 da CF/88; pelo juízo prévio de medida provisória) e o Poder Executivo (pelo veto jurídico e pela possibilidade de descumprimento de lei inconstitucional). Portanto, o sis-tema constitucional brasileiro acolhe a tese do controle político.

c) Quanto a esta alternativa, devemos considerar a modificação feita no Texto, pela EC nº 45/2004, especificamente no § 2º do art 102. Hoje temos constitucionalizado o efeito vinculante, não só das decisões definitivas de mérito, proferidas pelo STF, em Ação Declaratória de Constitucionalidade (ADC) como também na Ação Direta de Inconstitucionalidade por Ação (ADIn por Ação).

d) Incorreta. A CF/88, no art. 102, I, *a*, diz da competência do STF, como guardião da Constituição, para processar e julgar, originariamente, a ação direta de lei ou ato normativo federal ou estadual. Segundo a Corte, "o nosso sistema cons titucional não admite o controle concentrado de constitucionalidade de lei ou ato normativo municipal em face da Constituição Federal; nem mesmo perante o Supremo Tribunal Federal que tem, como competência precípua, a sua guarda" (Reclamação 383-SP; ADIn 1.268-2 MG).

e) Incorreta. Efetivamente, qualquer Juiz ou Tribunal poderá exercer controle incidental. No entanto, para a declaração de inconstitucionalidade, os Tribunais sujeitam-se ao *"princípio de reserva de plenário"* (art. 97 da CF/88), sendo vedada aos órgãos fracionários, como Câmaras ou Turmas, a declaração de inconstitucionalidade, a não ser que esta já tenha sido anteriormente reconhecida pelo plenário ou pelo órgão especial do próprio Tribunal ou pelo pleno do STF, em controle incidental ou principal. A Lei nº 9.756, de 17/12/98, ao acrescentar um parágrafo único ao art. 481 do CPC, positivou, de forma clara e objetiva, tal entendimento jurisprudencial.

Questão 43

Considere as assertivas abaixo:

I – A suspensão da execução, pelo Senado Federal, de uma lei julgada inconstitucional pelo Supremo Tribunal Federal, tem efeito *ex tunc*.

II – O Advogado-Geral da União é obrigado a defender a constitucionalidade da lei ou ato normativo impugnado, em tese, perante o Supremo Tribunal Federal.

III – Descabe ouvir o Procurador-Geral da República como *custos legis* em ação direta de inconstitucionalidade por ele mesmo proposta.

Quais delas correspondem a entedimento predominante na jurisprudência do Supremo Tribunal Federal ?

a) Apenas I
b) Apenas I e II
c) Apenas II e III
d) Apenas III
e) I, II e III

Gabarito oficial: "b"

I – diz da atuação do Senado Federal no controle de constitucionalidade, especificamente, quanto aos efeitos da "suspensão da execução" da lei. Faremos, por fidelidade aos objetivos deste trabalho, um comentário amplo sobre o assunto.

No pensamento jurídico contemporâneo, existe unanimidade em se reconhecer que só haverá a atuação do Senado Federal no controle concreto, ou seja, quando a lei questionada, incidentalmente, é declarada inconstitucional. Ocasião que o efeito daquela declaração será tão-somente *inter partes*. Diferente do sistema norte-americano que convive com o princípio do *stare decisis*, segundo o qual as decisões dos tribunais são vinculantes para os demais órgãos judiciais sujeitos à sua competência revisional. No nosso sistema, com a finalidade de atribuir àquela declaração eficácia geral, ou seja, *erga omnes*, é feita a remessa ao Senado Federal que tem, portanto uma atuação de caráter ampliativo. Nunca é demais lembrar que a atuação do Senado Federal restringe-se a suspensão da execução da lei ou ato normativo, o que não pode ser confundido com "revogação".

O tema, no entanto, não se esgota por aqui, temos a considerar outros aspectos de igual importância e o faremos através de itens para facilitar a compreensão e a fixação, vejamos:

1 – *da competência para comunicar ao Senado Federal a decisão judicial* – no exame, puro e simples, do Texto Constitucional, não temos dúvidas de que será do STF. No entanto, o Regimento Interno do Senado Federal (art. 386) estabelece que aquela Casa conhecerá da declaração, proferida em decisão definitiva do STF, mediante: – comunicação do Presidente do STF; – representação do Procurador-Geral da República; – projeto de Resolução de iniciativa da Comissão de Constituição, Justiça e Cidadania.

2 – *dos atos e leis submetidos à suspensão pelo Senado Federal* – a indagação mais freqüente é quanto a possibilidade de todo e qualquer exame pelo Poder Judiciário (exceto as decisões em via de controle abstrato) quanto à constitucionalidade, ser remetido ao Senado. Sem dúvida, ao Senado Federal só serão encaminhadas as decisões do STF, em recursos extraordinários. O próprio inc. X do art. 52 da CF/88, expressamente, assim determina.

2.1 – *da origem dos atos e leis a terem suspensa a execução* – como se trata de decisão em Recurso Extraordinário, do STF, poderão ter a execução suspensa leis e atos normativos federais, estaduais, distritais e municipais.

2.2 – *da interpretação da expressão "lei"* – alguns doutrinadores questionam o uso da expressão pela Constituição (inc. X do art. 52), dizendo de seu aspecto restritivo à "lei formal", o que, em conseqüência, não permitiria a atuação do Senado quando se tratasse de atos normativos em geral. A dúvida, o questionamento, vem sendo afastado pela posição prevalecente

Direito Constitucional
Análise das questões dos Concursos de Ingresso à Carreira do Ministério Público

115

doutrinária como também jurisprudencial, de que a expressão compreende a lei nos sentidos formal e material (leis e atos normativos primários).

3 – *da atuação do Senado Federal* – o questionamento imposto é quanto à obrigatoriedade do Senado, na edição da resolução suspensiva. Prevalece o entendimento de que se trata de ato discricionário, resultante de um juízo de conveniência e oportunidade feito pelo Senado Federal. Não há prazo estabelecido para o procedimento (assim tem entendido o STF). Não há, no entanto, entre os doutrinadores, unanimidade, de onde destaca-se, para registro, a posição de Manoel Gonçalves Ferreira Filho (*in* Comentários à Constituição Brasileira de 1988): "A suspensão não pressupõe qualquer apreciação de mérito por parte do Senado. Não pode este recusá-la por entender errônea a decisão. Apenas cabe-lhe verificar se os requisitos formais, especialmente o previsto no art. 97, ocorreram.". Em posição categórica quanto à discricionariedade, temos Clèmerson Clève (*in* A fiscalização abstrata da constitucionalidade no direito brasileiro), para quem o Senado Federal não está obrigado a editar a resolução suspensiva, sendo sua atividade de natureza política, discricionária. Trata-se, segundo o mesmo autor, de uma competência genérica, e não de um dever constitucional.

Completanto o assunto, informamos que a suspensão da execução da lei será feita por "resolução". Pode ser discricionária a atuação, mas uma vez expedida a resolução a mesma será irrevogável.

3.1 – *da possibilidade do Senado federal suspender parte ou o todo da lei*, em decorrência da redação constitucional (inc.X do art. 52) temos posições divergentes quanto à possiblidade de o Senado Federal restringir ou ampliar a extensão do julgado proferido pelo STF.

Aqueles que se filiam ao entendimento de Clèmerson Clève, de que a atividade do Senado Federal é política, o acompanham no exercício de raciocínio quando identifica a atividade da Casa Legislativa com o veto da Chefia do Poder Executivo (a dimensão do veto é discricionária). Não está, segundo Clève, o Senado impedido de suspender a execução de parte apenas de uma lei declarada inconstitucional pelo STF.

Zeno Veloso (*in* Controle Jurisdicional de Constitucionalidade), contrapondo tal entendimento, traz à colação a posição de Pontes de Miranda (quando do comentário à Constituição de 1967), assim expressa: "Suspender no todo ou suspender em parte não fica ao arbítrio do Senado Federal: suspende ele a parte que foi apontada como inconstitucional, ou o todo, que o foi; e nunca o todo porque uma parte o foi." Reafirma Zeno Veloso: "a atuação do Senado é balizada pela extensão da sentença proferida pelo Pretório Excelso. Não pode ampliar, nem restringir."

3.2. *dos efeitos da suspensão de execução da lei ou ato normativo* – desde já, observe-se que esta é a questão mais polêmica quando se trata da atuação do Senado Federal. Os argumentos apresentados são vigorosos e sensíveis, sendo a exposição dos mesmos necessária para melhor compreensão. De um lado, temos os doutrinadores que identificam a manifestação do Senado com a revogação, de sorte que não pode prejudicar as situações jurídicas constituídas com base na lei ou ato normativo agora declarado inconstitucional. Teria, assim, eficácia *ex nunc*, com efeitos meramente prospectivos (posição, entre outros, de José Afonso da Silva, Oswaldo Bandeira de Mello, Nagib Slaibi Filho e Alexandre de Moraes). Em sentido distinto, a suspensão da execução da norma terá efeito *ex tunc*, capaz de tornar sem efeito todos os atos, todas as relações jurídicas estabelecidas com fundamento na lei ou no ato normativo viciado. Assim têm-se posicionado Gilmar Ferreira Mendes, Clèmerson Clève e Zeno Veloso, sendo esta, também, a posição majoritária do STF.

Gilmar Ferreira Mendes (*in* Direitos Fundamentais e Controle de Constitucionalidade), em abono de sua posição, registra o pronunciamento do então Senador Accioly Filho, de onde temos: "...em suas conseqüências, a suspensão vai muito além da revogação. Esta opera *ex nunc*, alcança a lei ou ato revogado só a partir da vigência do ato revogador.... Já quando de suspensão, se trate, o efeito é *ex tunc*, pois aquilo que é inconstitucional é natimorto, não tem vida."

Por fim, não podemos deixar de lembrar que, a pronúncia de inconstitucionalidade não retira do mundo jurídico, automaticamente, os atos praticados com base na lei inconstitucional, fica criada apenas as condições para o desfazimento das situações (através de ação própria).

II – remetemos o leitor para a questão nº 42 do XL Concurso de Ingresso à Carreira do Ministério Público, onde, exaustivamente abordamos a atuação do Advogado-Geral da União, com a posição atual do STF.

III – a assertiva está incorreta, tem o STF reafirmado que, mesmo quando o Procurador-Geral da República é o autor da ação, preserva ele, com base no § 1º do art. 103 da CF/88, o seu direito de opinar a respeito do cabimento da ação.

Questão 44
Na hipótese de violação de princípio constitucional sensível por Estado, a decretação de intervenção federal pelo Presidente da República
a) será espontânea.
b) dependerá de autorização do Congresso Nacional.
c) dependerá de autorização do Conselho da República.
d) dependerá de requisição do Supremo Tribunal Federal.
e) dependerá de solicitação da Assembléia Legislativa do Estado.
Gabarito oficial: "d"

Envolve o questionamento a verificação de conhecimento quanto à Ação Direta Interventiva, assim denominado pela doutrina este procedimento.

Devemos ter presente que o mecanismo da "intervenção", previsto na Constituição, tem por finalidade preservar e até mesmo viabilizar a estrutura federativa.

No art. 34, VII, o constituinte elencou alguns princípios a serem observados pelas autoridades (chefes de Poderes) estaduais, princípios esses nominados como "sensíveis". No art. 36 e inc. III temos que a decretação da intervenção federal dependerá de provimento, pelo STF, de representação do Procurador-Geral da República.

Luís Roberto Barroso (*in* O Controle de Constitucionalidade no Direito Brasileiro) esclarece que a despeito do uso da nomenclatura, *representação*, trata-se de verdadeira ação. Há que considerar, ainda, que não se tem aqui um processo objetivo (muito embora implique um juízo de certa forma abstrato), temos um litígio constitucional acerca de ofensa a princípios sensíveis. Temos uma ação, cuja autora é a União, representada pelo Procurador-Geral da República e o Estado-Membro como réu.

A competência, como dispõe a CF/88, é exclusiva do STF, que ao julgar a referida ação, observa o "princípio de reserva de plenário". Havendo o entendimento quanto à inobservância de princípio sensível, o STF requisitará ao Presidente da República a intervenção, que consistirá na suspensão da execução do ato impugnado (art. 36, § 3º), o que será feito através de Decreto Presidencial. Caso a medida não seja suficiente, o Presidente da República decretará a intervenção e nomeará o interventor (implicando, tal procedimento, o afastamento da autoridade responsável pelo ato). Converte-se o procedimento de controle em uma intervenção propriamente dita, devendo, este segundo Decreto Presidencial, ser submetido à apreciação do Congresso Nacional, no prazo de vinte e quatro horas (§ 1º do art. 36).

Questão 45

Considere as seguintes assertivas sobre nacionalidade

I – Brasileiros naturalizados podem ser proprietários de empresa jornalística e de radiodifusão sonora e de sons e imagens.

II – Brasileiros natos em nenhuma hipótese poderão ser extraditados.

III – O reconhecimento de outra nacionalidade originária não é causa de perda da nacionalidade brasileira.

Quais são corretas ?

a) Apenas I

b) Apenas I e II

c) Apenas II e III

d) Apenas III

e) I, II e III

Gabarito oficial: "e"

I – Diz da possibilidade do brasileiro naturalizado ser proprietário de empresa jornalística e de radiodifusão sonora e de sons e imagens.

A CF/88, no art. 222, ao disciplinar a Comunicação Social, diz da possibilidade do naturalizado ser proprietário desde que esteja nesta condição (de naturalizado) há mais de 10 anos.

II – Realmente o brasileiro nato em nenhuma circunstância será extraditado (art. 5º, LI). Tal proteção não é estendida ao naturalizado. Este, se houver solicitação de Estado estrangeiro, poderá ser extraditado quando da prática de crime comum antes da naturalização (a proteção do Estado brasileiro, obtido com a naturalização, tem efeito *ex nunc*) e quando do envolvimento com o tráfico ilícito de entorpecentes e drogas afins (praticado antes ou depois da naturalização).

III – Após a EC de Revisão nº 3/1994 que deu nova redação ao inciso II do § 4º do art. 12, temos as situações excepcionais em que o Brasil aceita a dupla nacionalidade, a saber: 1) o reconhecimento da nacionalidade originária (no caso a brasileira) pela lei estrangeira, como por exemplo a Itália que, ao conferir a condição de nacional por *ius sanguinis*, reconhece a nacionalidade brasileira (originária). Circunstância em que o indivíduo será titular de duas nacionalidades; 2) a imposição de naturalização pela lei estrangeira, como condição para a permanência do indivíduo no país, como por exemplo, para o desempenho de atividade profissional ou para o exercício de direitos civis.

Questão 46

Em matéria de direitos fundamentais, à luz da Constituição da República e da jurisprudência majoritária, é *correto* dizer que

a) estrangeiros não residentes no país não são destinatários de direitos fundamentais.

b) a imposição de limites máximo e mínimo de idade em concursos públicos viola o princípio da igualdade.

c) é vedada a privação de direito por motivo de crença religiosa ou de convicção filosófica ou política.

d) a obrigação de reparar o dano pode ser estendida aos sucessores do condenado.

e) a desapropriação só é admissível mediante justa e prévia indenização em dinheiro.

Gabarito oficial: "d"

O inciso XLV do art. 5º contempla, primeiro o princípio da responsabilidade pessoal – *" nenhuma pena passará da pessoa do condenado"* (princípio da pessoalidade). As Constituições anteriores, com exceção da Carta de 1937, todas contemplavam tal garantia. A inovação da CF/88 diz da possibilidade de ser a reparação de dano e a decretação do perdimento de bens suportadas pelos sucessores e contra eles executadas. A norma constitucional, no entanto, estabelece o limite dessa obrigação transmitida – *"até o limite do valor do patrimônio transferido"* – de onde infere-se que estará protegido o patrimônio próprio e originário dos sucessores. Não se trata de obrigação dos herdeiros, essa será do espólio.

Análise das outras alternativas

a) Incorreta. Os direitos fundamentais são universais, alcançam todos que estejam sujeitos às leis nacionais, independente de serem brasileiros, estrangeiros residentes ou não-residentes ("princípio da universalidade").

Muito embora, textualmente, o art. 5º faça referência expressa a brasileiros e a estrangeiros residentes, o STF reconheceu, através de uma interpretação sistemática, que os estrangeiros não-residentes, os apátridas e as pessoas jurídicas recebem a garantia de direitos por parte do Estado brasileiro. Tem a Corte reconhecido a possibilidade dos estrangeiros não-residentes se utilizarem de "remédios constitucionais" (*habeas corpus, habeas data* e mandado de segurança).

b) Incorreta. É cediço o entendimento de que o princípio da igualdade não impede tratamento específico em concurso público, desde que haja razoabilidade para a discriminação, em razão da natureza ou das exigências do cargo. Tal entendimento foi ratificado pelo STF, através da Súmula 683 – *O limite de idade para a inscrição em concurso público só se legitima em face do art. 7º, XXX, da Constituição, quando possa ser justificado pela natureza das atribuições do cargo a ser preenchido.*

Quando se estuda o " princípio da isonomia", torna-se necessário, para uma melhor compreensão, fazermos referência aos parâmetros definidos por Celso Antonio Bandeira de Mello (*in* Conteúdo jurídico do princípio da igualdade), para verificar o respeito ou desrespeito àquele princípio, a saber:

1) o fator de desigualação;

2) a correlação lógica abstrata existente entre o fator erigido em critério de discrímen e a disparidade estabelecida no tratamento jurídico diversificado;

3) a consonância desta correlação lógica com os interesse absorvidos no sistema constitucional.

c) Incorreta, considerando o caráter absoluto implícito na assertiva. O inc VIII do art. 5º da Constituição, ao garantir a liberdade de crença religiosa (religião), de convicção filosófica ou política, impedindo que o Estado venha comprometer direitos por esses motivos, não o faz em termos absolutos. Assim, se o indivíduo, em nome da escusa de consciência, deixar de cumprir obrigação legal a todos imposta, estará sujeito a ter atingido, pela atuação do Estado, direitos constitucionalmente reconhecidos (exemplo: art. 15, IV, da CF/88, sobre direitos políticos). No mesmo dispositivo constitucional o legislador constituinte estabeleceu a possibilidade de o cumprimento de tais obrigações ser substituído por prestação alternativa a ser fixada em lei. Muito embora hoje tenhamos apenas disciplinada a prestação alternativa ao serviço militar obrigatório (Lei nº 8 239/91), não significa ser esta a única obrigação legal a todos imposta, senão vejamos: a obrigação da qualificação eleitoral; a obrigação de prestar serviço eleitoral (mesário); o dever de integrar o Corpo de Jurados para viabilizar a garantia do júri popular.

e) Incorreta. A CF/88, ao consagrar o direito de propriedade, estabeleceu que a mesma deverá atender à função social (a função social do imóvel urbano é cumprida quando observadas as regras do Plano Diretor (art. 182, § 2º); a função social do imóvel rural será cumprida quando tivermos um aproveitamento racional e adequado da terra, quando a utilização for adequada à preservação dos recursos naturais e ao meio ambiente, quando o empregador cumprir as disposições constitucionais e legais, que regulam as relações de trabalho e quando a exploração favoreça o bem-estar dos proprietários e dos trabalhadores (art. 186). Prevê a Constituição, quando do não-cumprimento da função social, a denominada *desapropriação sanção*, que acontecerá, em relação ao imóvel urbano, por inciativa do Poder Municipal e em relação ao imóvel rural, pela atuação do Poder Executivo da União, já que tal propriedade será destinada a prosecução da reforma agrária. No primeiro caso, o Município fará a indenização com títulos de dívida pública, com prazo de resgate de até dez anos; na segunda hipótese, a indenização far-se-á com títulos da dívida agrária, resgatáveis no prazo de até vinte anos. Apenas as benfeitorias úteis e necessárias serão indenizadas em dinheiro. O Texto vigente prevê, ainda, outra hipótese de *desapropriação sanção*, quando no art. 243 e Parágrafo único, dispõe que será expropriada, sem qualquer indenização, as glebas de terra onde forem localizadas culturas ilegais de plantas psicotrópicas. Do mesmo modo, todo

Direito Constitucional
Análise das questões dos Concursos de Ingresso à Carreira do Ministério Público

121

e qualquer bem de valor econômico apreendido em decorrência do tráfico ilícito de entorpecentes e drogas afins.

Afora essas hipóteses, podemos ter ainda a desapropriação, feita por qualquer um dos Entes Federados, motivada por necessidade pública, ou por utilidade pública ou por interesse social. Em tais hipóteses, deverá ser feita a indenização justa e prévia em dinheiro (art. 5°, XXIV) De outra feita, no caso de iminente perigo público, poderá, por determinação de autoridade competente, ser utilizada propriedade privada, circunstância em que não há indenização pelo uso, mas poderá ocorrer, posteriormente, se houver dano ao bem requisitado (art. 5°,XXV), ou seja para reparação do dano causado ao bem particular.

Questão 47

Dentro da repartição constitucional de competências entre os membros da Federação, legislar sobre procedimentos em matéria processual é matéria de competência

a) exclusiva da União.

b) privativa da União.

c) comum da União, dos Estados, do Distrito Federal e dos Municípios.

d) concorrente da União, dos Estados, do Distrito Federal e dos Municípios.

e) concorrente da União, dos Estados e do Distrito federal.

Gabarito oficial: "e"

O propósito que ora nos move e o fato de que o tema titulado como "competência dos Entes Federados" é bastante questionado em Concurso, vamos considerar, com a necessária detença, o assunto.

A estrutura do Estado Federal tem por fundamento a descentralização política tendo, portanto, como elemento essencial a repartição de competências. Tenhamos presente que a organização político-administrativa, gizada na CF/88, reconhece a autonomia da União, dos Estados, do Distrito Federal e dos Municípios. A autonomia aqui considerada compreende a capacidade de autogoverno (Estados: arts. 27, 28 e 125; Municípios: art. 29), de auto-organização (Estados: art. 25; Municípios *caput* do art. 29), de auto-administração e autolegislação (Estados: arts. 25 e 28; Municípios: art. 30), ou seja, competência administrativa e competência legislativa. Sendo o exercício desta o problema nuclear da repartição de competências.

A Constituição vigente adotou os dois modelos de repartição de competências: – *a repartição horizontal*, caracterizada pela inexistência de hierarquia entre os Entes Federados no seu exercício, de tal forma que cada um é dotado de plena autonomia dentro de sua específica competência (exemplo: arts. 21, 22 e 30); – *a repartição vertical*, identificada pela relação hierárquica entre os Entes Federados quando disciplinam a matéria (art. 24 – competência concorrente).

Considerando tal constatação, examinemos, com base no "princípio da predominância do interesse", a competência de cada Ente Federado:

1) Competências da União

1.1 – administrativa ou material, que regulamenta o exercício das funções governamentais, podendo ser exclusiva, ou seja, indelegável (art. 21) e comum ou cumulativa aos Entes Federados (art. 23);

1.2 – legislativa, que pode ser privativa (que permite à União, através de lei complementar, delegar aos Estados e ao Distrito Federal, competência para legislar sobre questões específicas das matérias arroladas no art. 22 (pela Lei Complemetar nº 103/2000, a União autorizou os Estados e o Distrito Federal a instituir o piso salarial a que se refere o Inc. V do art. 7º da CF/88). Não havendo a delegação, a atuação legislativa de Estado ou do Distrito Federal, tipificará um conflito constitucional, uma inconstitucionalidade.

De modo particular, o art. 24 estabelece a chamada competência concorrente, atribuindo à União a tarefa de estabelecer as normas gerais e aos Estados e Distrito Federal a tarefa de complementá-las (competência suplementar). Caso tenhamos a omissão da União, aqueles Entes Federados exercerão competência plena (competência supletiva). É esta prerrogativa que efetivamente caracteriza a competência concorrente (como tivemos oportunidade de esclarecer no comento a outra questão, esta prerrogativa não é reconhecida aos Municípios, a despeito do preceito constitucional consubstanciado no Inc. II do art. 30). O fato de o Estado ter legislado não compromete a competência da União em estabelecer normas gerais. A superveniência destas normas gerais suspende a eficácia, no que lhe for contrária, da lei estadual ou da lei distrital (ocorre suspensão, e não revogação). Temos, no exercício desta espécie de competência legislativa, a superioridade hierárquica da lei federal sobre a lei estadual.

1.2.1 – competência tributária que pode ser: expressa (art. 153); residual (art. 154, I); extraordinária (art. 154, II).

2 – Competências dos Estados

2.1 – competência administrativa ou material, art. 23, comum aos quatro Entes Federativos; competência residual, art. 25 § 1º, competências administrativas que não lhes sejam vedadas, ou seja, as competências que não sejam da União, do Distrito Federal ou dos Municípios.

2.2 – competência legislativa, que é expressa (art. 25), residual ou remanescente (art. 25, § 1º), delegada pela União (Parágrafo único do art. 22), concorrente suplementar (§ 2º do art. 24), concorrente supletiva (§ 3º do art. 24) e, por fim, a competência tributária expressa (art. 155).

Direito Constitucional
Análise das questões dos Concursos de Ingresso à Carreira do Ministério Público

123

3 – Competências dos Municípios

3.1 – competência legislativa, de onde temos, a expressa – configurada na capacidade de auto-organização, através da elaboração da Lei Orgânica (art. 29, *caput*; a de interesse local, nos termos do art. 30, I (a expressão "interesse local" diz respeito às peculiaridades e necessidades ínsitas aos Municípios); a suplementar (art. 30, II) à legislação federal e à estadual, no que couber.

Registre-se, ainda, a competência dos Municípios para disciplinar a ocupação do solo urbano, o que faz através do Plano Diretor, impositivo, constitucionalmente, às cidades com mais de 20.000 habitantes (§ 1º do art. 182).

A exemplo dos outros entes federados, tem competência tributária expressa nos termos do art. 156.

4 – Competências do Distrito Federal, registre-se a particularidade de ser reconhecidas ao Distrito Federal, cumulativamente, as competências deferidas aos Estados e aos Municípios.

Questão 48

Considere as seguintes assertivas sobre ações constitucionais:

I – Descabe *habeas data* se não houve prévia recusa da providência postulada em juízo.

II – Descabe condenação em custas no mandado de segurança.

III – Partidos Políticos podem impetrar mandado de segurança coletivo em favor das pessoas estranhas a seus quadros.

À luz da Constituição da República e da jurisprudência majoritária, quais são incorretas ?

a) Apenas I
b) Apenas I e II
c) Apenas II e III
d) Apenas III
e) I,II e III

Gabarito oficial: "c"

Atenção para o mandamento da questão em tela, pois pede, sobre ações constitucionais, que sejam identificadas as *incorretas*. A alternativa "C" compreende as assertivas II e III como incorretas, façamos a análise das mesmas.

II – "descabe condenação em custas no mandado de segurança". O art. 5º, LXXVII, diz da gratuidade das ações de *habeas corpus* e *habeas data*. O objetivo do constituinte foi o de isentar o pagamento de custas judiciais e do ônus da sucumbência, em face da importância que os dois remédios têm para a defesa dos direitos fundamentais. A referida isenção, no entanto, não acolhe o mandado de segurança (observação: não confundir "condenação em custas", com a Súmula 512 – *Não cabe condenação em honorários de advogado na ação de mandado de segurança*).

III – "partidos políticos podem impetrar mandado de segurança coletivo em favor de pessoas estranhas a seus quadros".

O inc. LXX do art. 5º, *a*, reconhece a legitimidade a partido político com representação no Congresso Nacional, para impetrar mandado de segurança coletivo. Sobre o mandado de segurança coletivo impetrado por partido político, houve, por parte da doutrina, entendimentos diversos. Exemplificando: – os direitos pleiteados devem referir-se a seus filiados; – os direitos pleiteados devem ser compatíveis com o programa partidário; – os direitos questionados vinculem-se à tutela constitucional, como por exemplo, o direito à liberdade; – partido político deve apenas satisfazer ao requisito previsto no art. 5º, de representação no Congresso Nacional; – os interesse defendidos coincidem com os objetivos sociais; – o direito a ser pleiteado deve ser de natureza política ou referente a partido político e limitado a seus filiados.

A jurisprudência, por sua vez, durante um bom tempo, manifestou o entendimento de que o partido político só poderia impetrar mandado de segurança coletivo em nome de filiados, quando autorizado, para defender direitos políticos vinculados aos fins sociais.

Em decisão do STJ (MS 197/DF – 20/08/1990) temos: "Quando a Constituição autoriza um partido político a impetrar mandado de segurança coletivo, só pode ser no sentido de defender os seus filiados e em questões políticas, ainda assim, quando autorizados por lei ou pelo estatuto."

De outro modo, encontramos posições particulares do STF, para exemplo temos a manifestação da Min. Ellen Gracie (RE 19 61 84 – Pleno STF 05/09/2002): "Ora, se o legislador constitucional dividiu os legitimados para impetração do Mandado de Segurança Coletivo em duas alíneas e empregou somente em relação à organização sindical, à entidade de classe e à associação legalmente constiuída a expressão 'em defesa dos interesses de seus membros ou associados" é porque não quis criar esta restrição aos partidos políticos'. Concluindo, diz a Ministra: "Isso significa dizer que está reconhecido na Constituição Federal o dever do partido de zelar pelos interesses coletivos, independentemente de estarem relacionados a seus filiados. Também entendo que não limitações materiais ao uso deste instituto por agremiações partidárias."

Há que registrar, no entanto, que o Pleno do STF, ao julgar o referido Recurso Extraordinário (27.10.2004), estabeleceu matéria que não poderá ser impugnada por aquele remédio constitucional. Assim decidiu a Corte:

"Partidos políticos não detêm legitimidade para impetração de mandado de segurança coletivo que vise impugnar exigência tributária... Tratando-se de hipótese de direito individualizável ou divisível, o impetrante não poderia substituir todos os cidadãos para impugnar a cobrança tributária, o que deveria ser promovido pelos próprios contribuintes por meio das ações cabíveis." (Com tal entendimento o STF, por maioria, deu provimento a RE, para cassar acórdão do TJ do Amazonas que concedera mandado de segurança coletivo, impetrado pelo PSB).

Observação: pelo Gabarito oficial, a assertiva do item III é incorreta, no entanto, face ao exposto, não tem sido esse o entendimento jurisprudencial. Predomina a aceitação de que partido político pode impetrar mandado de segurança coletivo, na defesa de interesse difuso, abrangendo, inclusive, pessoas não filiadas.

Assertiva I – quanto ao *habeas data*, cabe alguns comentários: o remédio constitucional foi trazido pela CF/88 e está previsto no inciso LXXII, do art. 5º, de onde temos:

1) é ação constitucional, submetida a rito sumário;
2) gera sentença mandamental;
3) visa à obtenção ou retificação de informações relativas à pessoa do impetrante (informações direta ou indiretamente ligadas à pessoa do impetrante ou indireta ou imediatamente a ela vinculadas);
4) as informações devem constar de registros ou bancos de dados de entidades governamentais ou privadas de caráter público (SPC, SERASA);
5) "Não cabe o *habeas data* se não houve recusa de informações por parte da autoridade administrativa" – Súmula 2 do STJ (esta posição jurisprudencial está positivada pela Lei nº 9.507/1997).

Questão 49

A propósito de ato praticado por membro do Congresso Nacional, no curso de seu mandato, é *incorreto* dizer que

a) as imunidades, tanto materiais quanto formais, são irrenunciáveis.

b) a imunidade material impede a abertura de processo judicial contra o parlamentar mesmo após o encerramento do mandato.

c) a imunidade material abrange atos praticados fora das dependências do Congresso Nacional.

d) a imunidade formal não impede a prisão em flagrante do parlamentar por crime inafiançável.

e) a imunidade formal condiciona a abertura de processo judicial à concessão de licença pela Casa à qual pertence o parlamentar.

Gabarito oficial: "e"

A exemplo da questão anterior, o candidato deve identificar a assertiva *incorreta*.

Michel Temer (*in* Elementos de direito constitucional) afirma: "garante-se a atividade parlamentar para garantir a instituição. Conferem-se a deputados e senadores prerrogativas com o objetivo de lhes permitir desempenho livre, de molde a assegurar a independência do Poder que integram."

A CF/88 consagra a imunidade material (inviolabilidade) e a imunidade processual formal. Enquanto a imunidade material protege o parlamentar pelas opiniões, palavras e votos proferidos no exercício do mandato, sejam tais manifestações feitas no recinto da Casa (Plenário ou Comissões) ou fora dela, desde que guardem relação com a atividade do mandato.

Para registro: o conjunto de normas constitucionais que estabelece o regime jurídico dos membros do Congresso Nacional constitui o *estatuto dos congressistas*.

Analisando as assertivas apresentadas, temos:

a) as imunidades realmente são irrenunciáveis, uma vez que não são pessoais.

b) a imunidade material constitui a inviolabilidade por opiniões, palavras e votos, o que implica a irresponsabilidade penal e civil, portanto não há que se cogitar da possibilidade de o parlamentar vir a ser processado, nem durante, nem após o término do mandato por suas manifestações.

c) como o exercício do mandato parlamentar não fica adstrito ao ambiente interno da Casa Legislativa, a imunidade material o protege em qualquer local, desde que fique comprovado que está no exercício de sua atuação parlamentar.

d) a imunidade formal, conforme dispõe o § 2º do art. 53, protege o Congressista, desde a diplomação, quanto à possibilidade de ser preso. A exceção trazida pelo dispositivo constitucional refere-se ao flagrante de crime inafiançável, ficando a autoridade que efetivar a prisão, obrigada a fazer a remessa dos autos, dentro de vinte quatro horas, para a Casa do parlamentar, que resolverá sobre a prisão.

e) esta é a assertiva *incorreta* – o tema quanto à autorização para processar parlamentar está tratado na questão nº 41, XLII Concurso de Ingresso à Carreira do Ministério Público.

Questão 50

Medida provisória remetida à apreciação do Congresso Nacional é aprovada com emendas. O Presidente da República apõe veto total ao projeto de lei de conversão. O veto é mantido pelo Congresso Nacional. Nesse caso, a medida provisória:

a) perderá eficácia desde sua edição.

b) perderá eficácia a partir de sua remessa ao Congresso Nacional.

c) perderá eficácia a partir da publicação do veto.

d) perderá eficácia a partir da manutenção do veto pelo Congresso Nacional.

e) não perderá eficácia, vez que o Presidente da República somente poderia apor veto parcial.

Gabarito oficial: "a"

Conforme o disposto no § 12 do art. 62 da CF/88, quando o Legislativo ao deliberar sobre a conversão de medida provisória em lei, altera o texto original, o referido projeto deverá ser submetido à apreciação do Presidente da República que concordando, o sanciona, discordando o veta. Ocorrendo o veto, o Presidente da República, com a devida motivação, o submeterá à apreciação do Congresso Nacional (§§ 1º e 4º do art. 66), podendo ser mantido ou rejeitado. Se rejeitado, o projeto será remetido para promulgação. Temos, portanto, um procedimento legislativo ordinário. Em se tratando de conversão de medida provisória em lei temos que estar atentos para o fato de que aquele ato normativo primário produz efeitos desde sua publicação, diferente do mero projeto de lei ordinária.

Na circunstância proposta pela questão nº 50, o veto foi mantido, pergunta-se: o que ocorre com a espécie medida provisória? Com base no § 3º do art. 62 da CF/88, podemos afirmar que a mesma perderá a eficácia desde sua edição, sendo que as relações havidas na sua vigência, terão como sustentação legal, a agora "lei ordinária", produto da conversão do ato normativo em lei formal. Saliente-se que, nos termos do § 12 do art. 62, em ocorrendo alteração no texto original e havendo, portanto, necessidade de submetê-lo à apreciação presidencial, aquele texto original manter-se-á integralmente em vigor até que seja sancionado ou vetado o projeto de conversão (15 dias úteis é o prazo estabelecido no § 1º do art. 66 da CF/88, para o Presidente manifestar-se).

Observação: remetemos o leitor, para completar o estudo sobre medida provisória, ao comentário feito quando da análise da Questão nº 49 do XLII Concurso de Ingresso à Carreira do Ministério Público.

Análise-estudo das questões dissertativas propostas nos últimos três Concursos (XLII, XLIII e XLIV)

Na tarefa de passar conteúdo para estudo e na falta de "chave de correção" utilizada pela Banca Examinadora, procuramos abordar todos os aspectos, sejam eles doutrinários ou jurisprudenciais, de cada uma das questões. Parece-nos idônea a forma adotada, perfilando-se com o propósito que motivou este trabalho.

XLII Concurso de Ingresso à Carreira do Ministério Público

Questão 1

O Município poderia adotar o sistema de governo parlamentar em face da Constituição vigente? Explique cabalmente a resposta, citando, se for o caso, dispositivos constitucionais e infraconstitucionais, sem contudo, transcrevê-los.

O art 1º da CF/88 proclama que a República Federativa do Brasil é formada pela união indissolúvel dos Estados, Municípios e Distrito Federal, prevê assim uma divisão tripartite, de forma que à União cabe a ordem central (lei nacional e lei federal), aos Estados cabe a definição das ordens regionais e aos Municípios, a disciplina das ordens locais. Todas pessoas jurídicas dotadas de autonomia constitucional.

Não há dúvida, embora a manifesta posição de alguns doutrinadores (que embasam o entendimento de que, a rigor, não há federação de Municípios, mas de Estados; os Municípios não compõem o órgão legislativo próprio para efetivar o princípio da participação na formação da vontade nacional, ou seja, não integram o Senado Federal), que o Município é entidade federativa integrando-a na organização político-administrativa (art. 18). Em consequência, a CF/88 conferiu, expressamente, aos Municípios competência para elaboração da respectiva Lei Orgânica, devendo para tanto, observar os princípios estabelecidos na Constituição Federal, como também os estabelecidos na Constituição do Estado que integra (não há que se falar em "Constituição Municipal").

A mesma Constituição Federal determina, ainda, o procedimento legislativo para elaboração da lei orgânica (aprovação pelo voto de dois terços dos membros da Câmara Municipal, votada em dois turnos), bem como o conteúdo dessa lei (art 29).

Na Constituição Federal é que temos a definição dos princípios fundamentais, capaz de harmonizar, dar coerência e consistência ao complexo normativo da própria Lei Maior. Note-se que os princípios expressam valores fundamentais adotados pela sociedade política e informam materialmente as demais normas, entre elas, as leis orgânicas municipais. Tem o STF manifestado em seus julgados o rigor dos limites impostos na organização dos Estados e Municípios, reiterando a observância dos princípios, sejam os "sensíveis" (de observância pelos Estados – art. 34, VII, e pelos Municípios, definidos tais princípios na Constituição do respectivo Estado), sejam "extensíveis" (de observância no poder de organização de todos os entes federados), sejam os "princípios constitucionais estabelecidos" (compreendendo as normas de competência e as normas de preordenação). Não cabe, portanto, nem aos Estados, nem ao Distrito Federal e nem aos Municípios, a definição de forma de governo ou de sistema de governo. Estas definições cabem à Assembléia Nacional Constituinte, quando produz um novo Texto Constitucional que servirá como moldura de toda a organização estatal.

Questão 2

O STF, guardião da Constituição, produziu, nos últimos anos, copiosa jurisprudência exigindo a "pertinência temática" como requisito específico para que determinados órgãos ou entidades possam manejar a ação direta de inconstitucionalidade. Qual é o significado da expressão "pertinência temática"? Governadores de Estado estão sujeitos a esse requisito específico quando impetram ação direta? Explique rigorosamente as respostas, citando artigos de lei ou da Constituição, sem transcrevê-los.

A CF/88 rompeu com o monopólio da legitimação do Procurador-Geral da República, para argüir a inconstitucionalidade das leis e atos normativos perante o STF. O art. 103 constitui a ampliação que o constituinte deu àquela legitimação, até então exclusiva.

O STF, tomando a referida disposição constitucional, identificou duas categorias de legitimados: *os universais* (que poderão provocar o controle de constitucionalidade de leis e atos normativos federais e estaduais, bastando, para tanto, apenas, a fundamentação jurídica) são eles: o Presidente da República, as Mesas da Câmara dos Deputados ou do Senado Federal, o Procurador-Geral da República, o Conselho Federal da OAB e Partido Político, com representação no Congresso Nacional; e *os especiais* (que precisam, além da fundamentação jurídica do pedido, demonstrar interesse, ou seja, a relação de pertinência entre o ato impugnado e as funções exercitadas pelo órgão ou entidade) são eles: Governador de Estado, Mesa de Assembléia Legislativa, Confederação Sindical e Entidade de Classe de âmbito nacional. A posição do STF vem sendo consolidada em vários julgados, exemplificando: ADIn 91-8 SE; ADIn 2656 SP; ADIn 902 SP; ADIn 1096 RS; ADIn 1222-3 AL; ADIn 1114-6 DF.

Para a Corte, Governador de Estado, tem a sua atuação como legitimado para argüir a inconstitucionalidade de uma lei, condicionada à existência de uma relação de pertinência entre o dispositivo legal e os interesses que a ele cabe tutelar (interesses do Estado que governa). Do mesmo modo, Mesa de Assembléia Legislativa só poderá propor ação direta de inconstitucionalidade quando houver vínculo objetivo de pertinência entre a norma impugnada e a competência da Casa Legislativa ou do Estado. Quanto à Confederação Sindical, o STF identifica a *pertinência temática* como condição objetiva de requisito qualificador da legitimidade e assim a compreende: "o elo entre os objetivos sociais da confederação e o alcance da norma que se pretenda ver fulminada". Do mesmo modo, a exigência é posta às entidades de classe de âmbito nacional – "a relação de pertinência entre o interesse específico da classe, para cuja defesa essas entidades são constituídas e o ato normativo que é argüido como inconstitucional."

Questão 3

Governador de Estado que sancionou, expressa ou tacitamente, projeto de lei aprovado pela Assembléia Legislativa, poderá, depois, ajuizar ação direta de inconstitucionalidade, sob o argumento de que aquela lei – que ele sancionou – é inconstitucional? Explique satisfatoriamente a resposta, sem transcrição de dispositivos legais e constitucionais.

A sanção, expressa ou tácita, constitui uma das fases do processo legislativo. É o ato que completa a chamada fase constitutiva do processo de elaboração da lei. Se houver expressa manifestação do titular do Poder Executivo, não haverá possibilidade de revogação do ato (sanção é ato irretratável). Se for tácita, torna-se irreversível pela fluência do tempo (quinze dias úteis, contados da data do recebimento do projeto de lei). De outra forma, este procedimento não vincula a atuação do titular do Poder Executivo, como legitimado na ação direta de inconstitucionalidade. O fato da constatação posterior de que a lei é inconstitucional não pode inibir sua atuação na defesa da Constituição (ADIn 1553, voto do Min. Maurício

Corrêa: "embora não tenha o requerente, na ocasião própria, vetado o projeto de lei em que se converteu a norma impugnada, nada impede, por qualquer razão legal, que reconheça o Tribunal a inconstitucionalidade formal do diploma legislativo em questão, tendo em vista manifesta usurpação da competência privativa do Chefe do Poder Executivo estadual"). Assim, entende, também, o hoje Min. Gilmar Mendes, conforme expôs em sua reconhecida obra "Jurisdição Constitucional" (4ª edição): "Eventual sanção da lei questionada não obsta, pois, à admissibilidade da ação direta proposta pelo Chefe do Executivo, mormente se se demonstrar que não era manifesta, ao tempo da sanção, a ilegitimidade suscitada".

XLIII Concurso de Ingresso na Carreira do Ministério Público

Questão 1

Em sede de apelação penal, órgão fracionário do Tribunal de Justiça constatou de ofício uma inconstitucionalidade sobre a qual não havia qualquer precedente dos plenários do Tribunal ou do STF. Defensor e Ministério Público não haviam suscitado esta questão. O feito foi julgado pelo referido órgão fracionário, que, em face da inconstitucionalidade, absolveu o réu.

Questiona-se: poderia o órgão fracionário ter suscitado a inconstitucionalidade de ofício e julgado o mérito? Fundamente.

Caso houvesse precedentes dos plenários do Tribunal ou do STF sobre a inconstitucionalidade, poderia o órgão fracionário levá-lo em consideração para o julgamento do mérito? Fundamente.

As questões propostas, para serem equacionadas, impõem a demonstração, de primeiro, de conhecimento sobre o consagrado "princípio de reserva de plenário" (art 97 da CF/88 – Somente pelo voto da maioria absoluta de seus membros ou dos membros do respectivo órgão especial poderão os tribunais declarar a inconstitucionalidade de lei ou ato normativo do Poder Público). Visa o referido princípio, garantir maior segurança ao ordenamento jurídico, de vez que, ao exigir *quorum* qualificado para dizer da inconstitucionalidade da lei, está reafirmando a presunção de sua constitucionalidade.

Pelo exame do Texto Constitucional, temos que a observância do "princípio" ora analisado, é impositiva para o STF, para os Tribunais Superiores e para os Tribunais Estaduais, seja no controle concreto, seja no controle abstrato. Nessa perspectiva, têm a doutrina e a jurisprudência, determinado que a declaração originária no âmbito de um Tribunal só acontece pelo voto da maioria absoluta do plenário ou do órgão especial (art. 93, XI – Nos tribunais com número superior a vinte e cinco julgadores poderá ser constituído órgão especial, com o mínimo de onze e o máximo de vinte e cinco membros, para o exercício das atribuições administrativa e jurisdicionais da competência do tribunal pleno).

A posição do STF, especificamente, sobre a imperiosidade da observância do "princípio", vem de há muito sendo exigida, sob pena de nulidade da decisão. É dizer: os órgãos fracionários (Turmas ou Câmaras) estão impedidos de declarar, originariamente, a inconstitucionalidade da lei.

Cumpre, todavia, observar que, com o advento da Lei nº 9.756 de 17/12/1998 (que acrescentou parágrafo único ao art 481 do CPC, assim formalizado: Os órgãos fracionários dos tribunais não submeterão ao plenário, ou ao Órgãos Especial, a argüição de inconstitucionalidade, quando já houver pronunciamento destes ou do pelnário do Supremo Tribunal Federal sobre a questão), foi, como afirmam alguns doutrinadores, amenizada aquela exigência constitucional. O legislador ordinário, ao assim dispor, concretizou posição do STF buscando dar celeridade ao andamento processual ("Trata-se de medida de economia processual" – Nelson Nery Júnior – *Código de Processo Civil comentado e legislação processual civil extravagante em vigor*). Com efeito, uma vez já declarada a inconstitucionalidade de determinada norma legal pelo Plenário do Tribunal ou pelo Órgão Especial, ficam as Turmas ou Câmaras, autorizadas a aplicar o precedente aos casos futuros, sem a necessidade de nova manifestação daqueles órgãos.

Registre-se, que se houver divergência entre as decisões do Plenário ou do Órgão Especial de Tribunal e decisão proferida pelo STF, deverão os órgãos fracionários dar aplicação, aos casos submetidos à sua apreciação, à decisão do Supremo Tribunal Federal.

No caso versado, o procedimento adequado do órgão fracionário seria o de ter provocado o Órgão Especial do TJ para examinar a lei em tese. A argüição da inconstitucionalidade poderia ter sido feita por qualquer das partes, pelo representante do Ministério Público, pelo Juiz de 1º grau, pelo relator ou por um de seus pares. Após a deliberação do Órgão Especial (que observou o *quorum* qualificado), o julgamento deveria ser retomado no órgão fracionário, tendo premissa a referida decisão. Como se percebe, o Órgão Especial decidiria a questão constitucional, e o órgão fracionário julgaria o caso concreto.

Observações sobre a matéria

1) o órgão fracionário do Tribunal não pode declarar a inconstitucionalidade, mas pode reconhecer a constitucionalidade da norma, dando prosseguimento ao julgamento, sem necessidade de submeter a questão constitucional ao plenário ou ao Órgão Especial, segundo a posição do STF;

2) José Carlos Barbosa Moreira ensina que "o órgão fracionário pode rejeitar a argüição por entendê-la inadmissível ou por entendê-la improce-

---

Direito Constitucional
Análise das questões dos Concursos de Ingresso à Carreira do Ministério Público

dente", e ainda, "a argüição pode ser acolhida ou rejeitada quer *in totum*, quer parcialmente... só se terá acolhida a argüição naquilo em que a seu favor se manifeste a maioria dos votantes, e unicamente nesses limites será a argüição submetida ao tribunal pleno ou ao órgão especial.";

3) Nélson Nery Júnior afirma: "trata-se de medida de economia processual. No entanto, não há vedação de que o órgão fracionário submeta a questão ao plenário ou órgão especial, notadamente, quando houver fundamento novo ou modificação na composição do plenário ou Órgão Especial, circunstância que caracteriza a potencialidade de modificação daquela decisão anterior."

Questão 2

O Tribunal de Justiça, por seu Órgão Especial, julgou procedente ação direta de inconstitucionalidade de ato normativo municipal em matéria que versava sobre a iniciativa privativa do Poder Executivo. A decisão foi unânime.

Questiona-se: Era o tribunal competente para o julgamento da matéria? Fundamente.

Em caso positivo, cabe recurso da decisão, e qual? Fundamente.

Na introdução deste comentário é necessário enfatizar que, na melhor doutrina, aqui representada por José Afonso da Silva (*in* O município na Constituição de 1988), eventual conflito de lei municipal com a lei orgânica do Município, não vai ensejar ação direta de inconstitucionalidade ou invalidade para impugná-la. A invalidade ou ilegitimidade, nessa condição, será declarada pelo Poder Judiciário apenas mediante via indireta.

Versando sobre o tema, assinalou Zeno Veloso (*in* Controle Jurisdicional de Constitucionalidade): "... havendo dissensão entre a Lei Orgânica e a lei ordinária edilícia, estabelece-se um conflito, sem dúvida, mas este antagonismo não pode ser resolvido em juízo de constitucionalidade, pela curial razão de a Lei Orgânica não ser, formalmente, uma Constituição... Enfim, a violação da Lei Orgânica pela lei ordinária municipal é uma questão de ilegalidade e não de inconstitucionalidade."

Afigura-se-nos que o conflito, na hipótese apresentada pelo examinador, é da lei municipal com a Constituição Estadual (muito embora não tenha o constituinte estadual competência para definir a prerrogativa de iniciativa no processo legislativo municipal, uma vez que fere a condição de ente federativo autônomo que é o Município). Em tal circunstância, cabe a argüição de inconstitucionalidade, através de ação direta de inconstitucionalidade, sendo o órgão Especial do TJ competente para julgá-la. Como afirma o enunciado da questão, a decisão foi tomada pela unanimidade dos integrantes daquele Órgão, portanto foi observado o "princípio de reserva de plenário", sem qualquer dúvida.

De outro modo, nas decisões em ação direta de inconstitucionalidade, quando da competência do Tribunal de Justiça, não há que se falar em recurso (a decisão será *erga omnes*, *ex tunc* e fará coisa julgada).

Para completar o estudo, é oportuno registrar em que hipótese caberá recurso, no caso, Recurso Extraordinário ao STF, das decisões do Tribunal de Justiça, em controle abstrato (a posição do STF passou a vigorar a partir de 11/06/1992 quando modificou, radicalmente, o entendimento quanto à possibilidade de o TJ examinar lei infraconstitucional em conflito com a Constituição Estadual que reproduzia disposição expressa na Constituição Federal), de onde temos: quando a ação direta de inconstitucionalidade de lei ou ato normativo municipal é fundamentada na alegação de ofensa à disposição constitucional estadual que reproduz dispositivo da Constituição Federal, de observância obrigatória, e o Tribunal de Justiça (plenário ou órgão especial) entender da constitucionalidade da referida lei, contrariando, portanto, disposição da CF/88, com base na alínea *a* do inc III do art 102, caberá recurso extraordinário ao STF. Nessa hipótese, entendeu a Corte que sua decisão terá efeito *erga omnes*, por se tratar de controle abstrato, muito embora a via do recurso extraordinário seja própria do controle difuso. Observe-se, ainda, que a eficácia dessa decisão se estende a todo o território nacional, como decidiu o STF ao julgar, em 13/08/1998, o Recurso Extraordinário n° 187.142-RS.

Questão 3

Qual (quais) o(s) meio(s) atualmente disponíveis no sistema jurídico brasileiro para obter-se a declaração de uma inconstitucionalidade superveniente?

Para responder ao questionamento ora proposto, devemos saber o que é "inconstitucionalidade superveniente". O fenômeno pode ocorrer quando da vigência de uma nova Constituição, em relação ao ordenamento infraconstitucional pré-constituinte, bem como da alteração feita no Texto por força de emenda constitucional. Na primeira hipótese, é conseqüente do conflito da lei infraconstitucional, anterior, com a nova Constituição, que, segundo a posição majoritária do STF, provocará a revogação da lei (a lei perde sua potencialidade jurídica, ou seja, a condição de produzir efeitos). Nessa circustância, a inconstitucionalidade da lei só poderá ser reconhecida incidentalmente. Na segunda hipótese, ocorre quando a lei infraconstitucional, posterior à CF/88, tem o parâmetro de validade alterado por Emenda Constitucional, não haveria aí uma inconstitucionalidade, mas uma revogação (com o significado anteriormente posto).

Observe-se que tanto numa hipótese quanto na outra, a posição do STF é sustentada pelo "princípio da contemporaneidade" (ADIn 521/1994, Min.

Direito Constitucional
Análise das questões dos Concursos de Ingresso à Carreira do Ministério Público

Paulo Brossard: "O vício de inconstitucionalidade é congênito à lei e há de ser apurado em face da Constituição vigente ao tempo de sua elaboração A Constituição sobrevinda não torna inconstitucionais leis anteriores com ela conflitantes: revoga-as.").

O que se põe em pauta é a identificação, se existe, no sistema, meio para declarar a inconstitucionalidade superveniente.

Descartada, pela posição do STF, anteriormente exposta, a ação direta de inconstitucionalidade por ação. No entanto, a Lei nº 9 882/1999, regulamentou o § 1º do art 102 da CF/88, disciplinando a "argüição de descumprimento de preceito fundamental", ao definir o objeto da referida ação, comtemplou as leis anteriores à CF/88 (leis federais, estaduais e municipais).

De outro modo, as leis e os atos normativos anteriores ao Texto de 1988 poderão ser examinadas de forma incidental, nas diferentes ações que constituem o chamado controle difuso. Tal exame poderá ser feito por qualquer órgão do Poder Judiciário.

Questão 4

O texto atual do § 4º, do artigo 18 da Constituição Federal, decorre da Emenda Constitucional nº 15. Questiona-se como se classifica esta norma quanto à sua aplicabilidade, a partir de quando entrou em vigor e quais os seus efeitos jurídicos? Fundamente.

A Emenda Constitucional 15, de 12/09/1996, e publicada em 13/09/1996, deu nova redação ao § 4º, nos seguintes termos: A criação, a incorporação, a fusão e o desmembramento de Municípios, far-se-ão por lei estadual, dentro do período determinado por lei complementar federal, e dependerão de consulta prévia, mediante plebiscito às populações dos Municípios envolvidos, após divulgação dos Estudos de Viabilidade Municipal, apresentados e publicados na forma da lei.

Trata-se, portanto, de uma norma constitucional de eficácia limitada institutiva impositiva, conforme a Teoria da Aplicabilidade das Normas Constitucionais de José Afonso da Silva. Demanda, assim, uma atuação legislativa infraconstitucional, especificamente, de uma lei complementar. Sendo emenda constitucional e não havendo cláusula de vigência, a partir de sua publicação passa a integrar o Texto, adquirindo qualidades próprias de supralegalidade e de observância obrigatória, capaz de condicionar, tanto a atuação legislativa como a atuação da Administração Pública em geral. Como conseqüência prática, impôs que a criação, a incorporação, a fusão e o desmembramento de Municípios só poderão ocorrer no período a ser definido em lei complementar federal, além de atender aos demais requisitos.

A título de informação para Concursos futuros: a Lei nº 10 521/ 2002, assegurou a instalação dos Municípios cujo processo de criação teve início antes da promulgação da Emenda Constitucional 15, desde que o resultado do plebiscito tenha sido favorável e que as leis de criação tenham obedecido à legislação anterior.

XLIV Concurso de Ingresso à Carreira do Ministério Público

Questão 1

A Assembléia Legislativa do Rio Grande do Sul aprovou projeto de lei, de iniciativa parlamentar, estabelecendo parcelamento em doze vezes de débitos tributários vencidos, decorrentes do imposto estadual sobre propriedade de veículos automotores (IPVA). Remetido o projeto à sanção do Governador do Estado, este lhe apôs veto total, por razões de inconstitucionalidade e contrariedade ao interesse público. Devolvido o projeto à Assembléia, esta rejeitou o veto. Promulgada e publicada a lei, o Governador do Estado declara que não irá cumprí-la e ajuíza ação direta visando a declaração de sua inconstitucionalidade, alegando a existência de vício de iniciativa (art 61 § 1º, II, "b", da Constituição da República). Considerando a jurisprudência predominante do Supremo Tribunal Federal, responda:

a) É admissível a recusa do Governador do Estado ao cumprimento da lei em questão? Justifique.

b) É procedente a referida ação direta de inconstitucionalidade, particularmente pelo fundamento alegado pelo Governador do Estado?Justifique.

Quanto à possibilidade do Governador deixar de cumprir uma lei quando a considerar inconstitucional, como é o enunciado da questão, impende analisar as posições da doutrina e da jurisprudência.

Na hipótese trazida à análise, temos que o Governador vetou o então projeto de lei, alegando vício de inconstitucionalidade (veto este de natureza jurídica) e por contrariar ao interesse público (veto de natureza política). No entanto, dentro da prática constitucional, a Assembléia Legislativa, rejeitou o veto e, na seqüência, tivemos a promulgação e a publicação da lei.

Cabe, de primeiro, considerarmos a posição da doutrina e da jurisprudência, anterior e posterior à CF/88. É importante tal constatação para melhor podermos entender o descompasso, particularmente por parte da doutrina, quanto ao tema pertinente à conduta do Poder Executivo frente à lei inconstitucional.

O controle abstrato de constitucionalidade trazido por Emenda à Constituição de 1946 (EC nº 16/1965) conferia, apenas e tão-somente, ao Pro-

Direito Constitucional
Análise das questões dos Concursos de Ingresso à Carreira do Ministério Público

curador-Geral da República a prerrogativa de representar perante o STF para exame de leis federais ou estaduais conflitantes com a Constituição. Exatamente, em razão de tal exclusividade, que começou haver aceitação, na época, do descumprimento da lei inconstitucional por parte do Poder Executivo, vale dizer, por parte da Chefia do Poder Executivo, que desobrigava do cumprimento da lei os órgãos a ele subordinados.

Encontramos com o mestre paulista Miguel Reale (*in* Revogação e anulamento do ato administrativo), a lição de que: "a recusa na execução de um preceito legal, que conflite com dispositivos constitucionais, entra no quadro geral da tutela da legalidade, ou, poder-se-ia mesmo dizer, que constitui uma das formas de "poder de polícia" no tocante à defesa impostergável da ordem constitucional, que deve ser preservada contra tudo e contra todos, inclusive contra os abusos do legislador ordinário." Do mesmo modo o STF, em várias decisões, reconheceu ter a Chefia do Executivo prerrogativa de não cumprir lei inconstitucional, uma vez que, de primeiro aquela autoridade tem o dever de cumprir e fazer cumprir a Constituição (Representação 980/SP – 1981 – Min. Moreira Alves).

Ao entrar em vigor a Constituição de 1988, proliferou a discussão sobre o tema, uma vez que o art. 103 da Carta conferiu ao titular do Poder Executivo da União (Presidente da República) e aos titulares do Poder Executivo dos Estados (Governadores) legitimidade para argüir, através de ADIn por Ação, a incompatibilidade de leis e atos normativos. Nesse sentido, é interessante notar que como autor da Ação, a Chefia do Poder Executivo pode solicitar à Corte a concessão de cautelar, o que implica a suspensão de incidência da lei, até que, em decisão definitiva, o STF faça a declaração de inconstitucionalidade (ou de constitucionalidade) da mesma. Com tal procedimento, não estaria a Chefia do Poder desrespeitando a Constituição (que jurou respeitar).

Em termos de tendência, constata-se, efetivamente, uma importante reação dos doutrinadores de escol, quanto ao comportamento, tanto do STF como do STJ, na aceitação do procedimento da Chefia do Executivo. Destaca-se, entre outros, Zeno Veloso: "... não é lícito ao Poder Executivo deixar de cumprir a lei por entender que a mesma é inconstitucional. Permitir que este Poder, *ex propria auctoritate*, cancele a eficácia de norma jurídica, porque reputa contrária à Constituição, é consagrar tese perigosíssima, que pode pôr em risco a Democracia, num País em desenvolvimento, como o nosso, com tantas e tão graves limitações e carências, com uma vocação histórica – e até o momento incontrolável para o autoritarismo, com um Executivo verdadeiramente formidável e imperial, significando o princípio da divisão dos poderes quase uma letra morta no Texto Magno.". Gilmar Ferreira Mendes assim leciona: "A outorga do direito para propor a ação direta, aos chefes do Executivo federal e estadual, retira, senão a legitimidade desse tipo de conduta, pelo menos na maioria dos casos, a motivação para a adoção dessa conduta de quase desforço no âmbito do Estado de Direito."

Em doutrina, vários autores refutaram o procedimento, no entanto, como afirmamos, é sólida a posição jurisprudencial, reconhecendo que o Poder Executivo, assim como os demais Poderes (por suas Chefias), não estão obrigados a dar cumprimento à lei flagrantemente inconstitucional (ADIn 221-DF, 1993 – Min Moreira Alves).

A lei deliberada e promulgada pela Assembléia Legislativa, cujo projeto foi de iniciativa parlamentar, estabelecia parcelamento em doze vezes de débitos tributários vencidos decorrentes do imposto estadual sobre propriedade de veículos automotores (IPVA). Segundo o enunciado, o fundamento da provável ADIn por Ação seria o vício de inciativa (art. 61, §1º, II, b). Um destaque particular devemos fazer, de primeiro, uma vez que a referida disposição constitucional defere competência privativa do Presidente da República, referindo-se, exclusivamente, aos Territórios, não sendo norma de observância impositiva aos Estados-Membros, até porque estes não têm aquela forma de descentralização administrativa. Tal entendimento foi fixado pelo STF, em ADIn de número 2304/RS, cujo relator foi o Min. Sepúlveda Pertence. E, por este prisma, é forçoso concluir que não há plausibilidade na alegação de ofensa àquele dispositivo constitucional, para sustentar uma ação direta de inconstitucionalidade por ação.

Observação: O STF tem posição incontestável no sentido da "observância compulsória pelos Estados-membros das regras básicas do processo legislativo federal, como, por exemplo, daquelas que dizem respeito à inciativa reservada CF art 61, § 1º) e com os limites do poder de emenda parlamentar" (entre outras, ADIn 89-MG; ADIn 872-RS; ADIn 766-RS).

Questão 2

Conforme o art 58, § 3º, da Constituição da República, as comissões parlamentares de inquérito (CPIs) "terão poderes de investigação próprios das autoridades judiciais". Tendo em vista a jurisprudência predominante do Supremo Tribunal Federal a respeito da interpretação do texto constitucional destacado, explicite as possibilidades e limites da atuação das CPIs em relação às seguintes medidas:

a) Decretar indisponibilidade de bens investigados;

b) Determinar expedição de mandado de busca e apreensão;

c) Decretar prisão de investigados;

d) Determinar quebra de sigilo telefônico de investigados;

e) Convocar magistrado para depor.

Comissão Parlamentar de Inquérito, nos termos do § 3º do art 58, trata-se de procedimento jurídico-constitucional. A previsão constitucional quanto à possibilidade do Poder Legislativo investigar, decorre da função típica daquele Poder, ou seja, de fiscalizar. A atividade do Poder Legislativo, no Estado contemporâneo, não fica limitada à função de legislar, tem ele também a função de controlar os atos do Poder Público. No Brasil, nem a Constituição de 1824, nem a Constituição Republicana de 1891 tinham a previsão quanto à possibilidade da criação dessas Comissões, no entanto, por determinação da Casa Legislativa, foram elas instituídas em várias oportunidades. Através da Constituição de 1934, tivemos a primeira previsão constitucional. Na Carta de 1937, por razões óbvias, não havia tal mecanismo de fiscalização. Voltou a integrar o Texto Constitucional a partir de 1946 (Constituição Democrática de 1946).

O ponto central do tema (pode-se dizer crucial) é quanto aos limites de atuação da CPI. Para atender o mandamento da questão proposta, vamos identificar a posição do STF que tem sido com freqüência acionado para analisar o alcance de tais limites (a competência da CPI), de onde temos:

– "poderes de investigação próprios das autoridades judiciais", não compromete a chamada "reserva de jurisdição", ou seja, não tem a CPI os mesmos poderes dos magistrados. Min. Celso de Mello (MS 23 452 RJ): "A Constituição da República, ao outorgar às Comissões Parlamentares de Inquérito 'poderes de investigação próprios das autoridades judiciais', claramente delimitou a natureza de suas atribuições institucionais, restringindo-as, unicamente ao campo da indagação probatória, com absoluta exclusão de quaisquer outras prerrogativas que se incluem, ordinariamente, na esfera de competência dos magistrados e Tribunais, inclusive aquelas que decorrem do poder geral de cautela conferido aos juízes, como o poder de decretar a indisponibilidade dos bens pertencentes às pessoas sujeitas à investigação parlamentar".

– a CPI deverá motivar todos os seus atos. Trata-se aqui da exigência da fundamentação das medidas tomadas e, principalmente, quando restritivas de direitos constitucionalmente tutelados;

– quanto às medidas restritivas, do julgamento pelo STF de vários Mandados de Segurança e *habeas corpus*, podemos apontar sua posição:

1) a CPI pode, legitimamente, por autoridade própria, decretar a quebra do sigilo bancário, do sigilo fiscal e do sigilo telefônico, devendo, para tanto, demonstrar a existência concreta de causa provável que legitime a medida excepcional (obs. Quando do julgamento do MS 23 669-DF, a Corte determinou que a quebra de sigilo deverá ser aprovada pelo voto da maioria absoluta da referida Comissão);

2) a CPI pode requisitar informações e determinar diligências que reputar necessária, inclusive requerer ao Tribunal de Contas a realização de inspeções e auditorias;

3) a CPI pode convocar Ministros de Estado e tomar depoimento de qualquer autoridade. Ao julgar o HC 80 089 RJ, o Pleno firmou entendimento de que os membros do Poder Judiciário não estão obrigados a comparecer perante CPI para prestar depoimentos a respeito da função jurisdicional, isto é, sobre sentenças proferidas;

4) a CPI não pode decretar a prisão de qualquer pessoa, exceto nas hipóteses de flagrância;

5) a CPI não pode decretar busca e apreensão domiciliar de documentos;

6) a CPI não pode determinar a indisponibilidade de bens (nem outras medidas como seqüestro de bens, arresto de bens, proibição de ausência do país);

7) não pode a CPI nem determinar e nem requerer interceptação telefônica em qualquer circunstância (o Inc. XII do art 5°, *in fine*, da CF/88, admite o procedimento para fins de investigação criminal ou instrução processual penal, e a Lei n° 9.296/1996, art 3°, dispõe que a medida poderá ser determinada pelo juiz, de ofício ou a requerimento de autoridade policial ou de representante do Ministério Público);

8) a CPI não pode impedir, dificultar ou frustrar o exercício, pelo Advogado, das prerrogativas de ordem profissional (tanto o investigado, quanto as testemunhas, poderão ser assistidos por advogados em seus depoimentos);

9) não pode a CPI dar publicidade indevida dos dados sigilosos obtidos em razão das investigações de sua competência;

10) não pode a CPI convocar integrantes da população indígena para depor em audiência a ser realizada fora da área indígena, devendo o índio ser ouvido em dia e hora previamente acertado, com a presença de um representante da FUNAI e de um antropólogo (HC 80 240-RO);

11) a CPI não pode impedir o exercício do privilégio contra a auto-incriminação (o exercício do direito de permanecer em silêncio), uma vez que constitui direito público subjetivo assegurado a qualquer pessoa que, na condição de testemunha, de indiciado ou de réu, deva prestar depoimento perante órgãos do Poder Legislativo, do Poder Executivo ou do Poder Judiciário (HC 79 244-DF).

Complementando o tema, cabe também registrar outras particularidades:

– a CPI deve ser criada para investigar fato determinado, especificado no momento de sua criação (não é legítima uma CPI para investigações genéricas);

Direito Constitucional
Análise das questões dos Concursos de Ingresso à Carreira do Ministério Público

– as manifestações dos parlamentares perante a CPI (inclusive as constantes do relatório final conclusivo), estão protegidas pela imunidade material (art. 53 – inviolabilidade por opiniões, palavras e votos);

– pode ser invocado, perante a CPI, o sigilo profissional (art. 5º,XIV e art. 53, § 6º);

– CPIs do Congresso ou de suas Casas, não têm competência para investigar fatos de competência dos Estados, do Distrito Federal e dos Municípios. Se assim agissem, estariam ofendendo a autonomia dos entes federados;

– A regra do § 3º do art 53, à luz do princípio federativo, é extensível às Comissões Parlamentares de Inquérito Estaduais. A possibilidade de criação de CPI, decorre de norma constitucional central de absorção compulsória pelos Estados-Membros, a qual se destina a garantir o potencial do Poder Legislativo em sua função de fiscalizar a administração, um dos traços fundamentais da separação de poderes no sistema federativo (Acórdão 730/RS – STF, em 22/09/2004).

Questão 3

Marco Millione, cidadão italiano, impetrou *habeas data* contra o Superintendente da Polícia Federal, objetivando o conhecimento de dados relativos à pessoa de seu falecido pai, comprovando ser seu único parente vivo. Em suas informações, o coator admite que a Polícia Federal possui registro de dados sobre o pai do impetrante, mas alega, em preliminar, a ilegitimidade ativa do impetrante, por estrangeiro e por buscar informações sobre terceiro; no mérito, que o sigilo desses dados é imprescindível à segurança da sociedade e do Estado. Considerando o exposto e o contido na Constituição da República, à luz da jurisprudência dominante, responda:

a) É cabível o *habeas data* em referência? Justifique.

b)As alegações do coator têm procedência? Justifique.

Estabelecida a premissa na hipótese formulada, cabe, como preliminar, identificarmos o instituto do *habeas data*.

Resumidamente, pode-se dizer, após o exame do inciso LXXII do art 5º da CF/88: 1) trata-se de ação constitucional, de natureza cível, submetida ao rito sumário, através da qual se pleiteia sentença concessiva do acesso a informações ou à retificação de dados (a sentença, portanto, é mandamental), não estando sujeita a prazo prescricional; 2) tem a ação caráter personalíssimo (obter ou retificar informações relativas à pessoa do impetrante); 3) as informações alcançadas pelo *habeas data* devem constar de registros ou bancos de dados de entidades governamentais ou de caráter público (registradas, segundo a melhor doutrina, por qualquer meio – manual, mecanográfico, fonográfico ou computadorizado).

Aspecto que foi bastante discutido, resultando até matéria sumulada pelo STJ, diz respeito à comprovação do pleito administrativo, como requisito para o uso do "remédio constitucional" (Súmula 2. "Não cabe o *habeas data*, se não houver recusa de informações por parte da autoridade administrativa"), posição essa ratificada em várias decisões do STF quando era exigida a demonstração do "interesse de agir". Com o advento da Lei nº 9.507/1997, aquela posição jurisprudencial foi positivada, de modo que o prévio requerimento extrajudicial (administrativo) ao depositário da informação é condição para o uso do *habeas data*, senão vejamos: a petição deve ser instruída com prova: a) da recusa de acesso às informações; b) do decurso, de mais de dez dias, após o requerimento, sem qualquer solução; c) da negativa quanto à retificação, pelo responsável pelo registro ou banco de dados; d) da demora, por mais de quinze dias sem decisão pelo responsável a quem foi dirigido o pedido de retificação; e) da rejeição relativa ao requerimento de anotação a ser feita nos registros.

Examinemos, agora, ao questionado:

a) quanto ao cabimento do *habeas data*. Temos aqui no pólo passivo o Superintendente da Polícia Federal (entidade governamental). Especificamente, sobre ter a Polícia registro de dados sobre as pessoas (na hipótese formulada a autoridade pública, admite que as tem), Celso Ribeiro Bastos (*in* Curso de Direito Constitucional) adverte: "... é preciso reconhecer-se que o possuir dados pessoais, embora úteis em determinados campos da atuação administrativa, como é o caso da atividade policial, ainda assim esta posse há de ser vista sempre como algo excepcional, e é por isso que o controle nunca se poderá limitar apenas a levar a efeito uma correção de dados errôneos. Terá de entrar no mérito da posse daquela qualidade de dados. Não custa lembrar que o Estado de Direito marca sua atuação pelo cunho da impessoalidade e da igualdade." Nessa ordem de considerações, respondendo ao questionado, não restam dúvidas quanto à propriedade do uso do *habeas data*.

b) Quanto às alegações do coator: 1) ilegitimidade ativa do impetrante (cidadão italiano e filho de pessoa cujos dados constam de registro junto à Polícia Federal). Quanto à alegação de ser o impetrante um estrangeiro, tem, a melhor jurisprudência de nosso País, perfeitamente identificada com o Direito Comparado e no reconhecimento de tratados e acordos firmados pelo Brasil, quanto a direitos humanos, acolhido o uso dos "remédios constitucionais" por parte de estrangeiros (residentes e não-residentes), com a condição de que a petição esteja redigida em português (HC 72 391-8 Min. Celso Mello, 1995); 2) a atuação em nome de terceiros. Trata-se o *habeas data*, de instrumento capaz de tutelar, entre outros, o direito à privacidade (art 5º, X). Assim leciona Vicente Grecco Filho (*in* Tutela constitucional das liberdades): "a ação é personalíssima, não admite pedido de terceiros e, sequer, sucessão no direito de pedir".

José Afonso da Silva também enfatiza que o *habeas data* é "personalíssimo, do titular dos dados do impetrante que, no entanto, pode ser brasileiro ou estrangeiro." Assim, também, vem sendo pautada a atuação do Poder Judiciário. No entanto, temos a registrar, decisão do hoje extinto Tribunal Federal de Recursos que, em 02/02/1989 – *habeas data* nº 1 dispôs: "em se tratando de dado pessoal (ou personalíssimo), somente a pessoa em cujo nome constar o registro, tem legitimação ativa *ad causam* ou legitimação para agir, exceção feita aos mortos, quando, então, o herdeiro legítimo ou o cônjuge supérstite poderão impetrar o *writ*". 3) a negativa baseada no argumento de que seriam dados protegidos pelo sigilo da defesa nacional ("o sigilo desses dados é imprescindível à segurança da sociedade e do Estado"). A propósito, vale trazer a posição de Manoel Gonçalves Ferreira Filho (*in* Comentários à Constituição Brasileira de 1988) quando examina o Inc. LXXII do art 5º e pondera: "é de se perguntar se se aplica ao direito aqui tutelado a limitação constante na parte final do Inc. XXXIII, que autoriza o Poder Público a recusar informações 'cujo sigilo seja imprescindível à segurança da sociedade ou do Estado'. A resposta, porém, é negativa. Naquele inciso, disciplina-se o acesso a informações em geral, que não tocam à intimidade de cada um. Admite-se, por isso, que o interesse público sobreleve ao interesse privado. Neste, o acesso é à informação sobre si próprio como meio para a salvaguarda da verdade e aqui o interesse pessoal coincide com o interesse público, pois este também, e, evidentemente, objetiva a verdade."

Luís Roberto Barroso (*in* O Direito Constitucional e a Efetividade de suas Normas) observa: "O direito material de acesso às informações, tutelável por via de *habeas data*, não é todavia, absoluto. A própria Constituição limita-o, no inciso XXXIII do art 5º, ao ressaltar aquelas informações 'cujo sigilo seja imprescindível à segurança da sociedade e do Estado'. Esta valoração, no entanto, não é da competência discricionária do órgão público que detém a informação, cabendo, ao revés, ao pronunciamento motivado da autoridade judiciária." Desse modo também decidiu o Tribunal Federal de Recursos, no *habeas data* nº 1, já referido.

É cediça a lição de que o exercício dos direitos e das garantias fundamentais deve ser conciliado com a necessidade de proteger-se o Estado Democrático de Direito, o que não implica justificativa de atuação discricionária, no caso em tela, Superintendente da Polícia Federal. É o magistrado a autoridade capaz de avaliar a razoabilidade entre o conhecimento dos dados requeridos e o significado da preservação de seu conteúdo para a defesa nacional.

Questão 4

Já se tornou lugar comum na doutrina brasileira recente e na jurisprudência do Supremo Tribunal Federal a qualificação do processo de controle normativo abstrato de constitucionalidade como sendo um "processo objetivo". Explique o significado que se tem atribuído à noção de "processo objetivo" e indique os aspectos processuais que o caracterizam, relativamente à proporsitura e tramitação da ação direta de inconstitucionalidade genérica (ADIN) e da ação declaratória de constitucionalidade (ADC) com a respectiva fundamentação constitucional e legal, se houver.

Trata a questão da qualificação do processo de controle normativo abstrato de constitucionalidade como sendo um "processo objetivo". Expressão esta usada pela doutrina alemã.

Trazemos a lume a melhor doutrina para subsidiar a argumentação para o enfrentamento de questões desse jaez.

Ensina Clèmerson Merlin Clève (*in* A Fiscalização Abstrata da Constituição no Direito Brasileiro), abordando o tema "processo objetivo": "Um 'processo' que se materializa, do mesmo modo que os demais, como instrumento da jurisdição (constitucional concentrada), por meio dele será solucionada uma questão constitucional. Não pode ser tomado, entretanto, como meio para a composição de uma lide. É que sendo 'objetivo', inexiste lide."

No mesmo compasso, Gilmar Ferreira Mendes (*in* Controle Concentrado de Constitucionalidade), ao comentar o art. 2º da Lei nº 9.868/1999 informa que "em maio de 1988, o STF ao julgar a Representação 1.405 (observação nossas: estava vigente, ainda, a CF/67, onde o Procurador-Geral da República representava, com exclusividade, perante o STF), ressaltou a 'objetividade' do processo, que não conhece partes e outorga ao Tribunal um instrumento político de controle de normas. Desde então, parece pacífico o entendimento sobre a natureza do controle abstrato de normas como processo objetivo, para cuja instauração se afigura suficiente a existência de um *interesse público* de controle (ADIn 79, setembro, 1989)."

Decorre de tal característica, ou seja, o não ser destinado à proteção de situações individuais ou de relações subjetivas, mas visa, particularmente, à defesa da ordem jurídica, a outorga de legitimidade deferida a autoridades e instituições que têm o compromisso institucional de preservar o ordenamento constitucional.

Na tarefa de atender a exigência do examinador, consideremos as duas ações determinadas:

a) *Ação direta de inconstitucionalidade por ação* (ADIn), não objetiva submeter a julgamento uma relação jurídica específica, mas a validade da norma *in abstrato*;

– não há uma relação processual tradicional (não há partes, salvo no sentido formal);

– não há lide;

– os princípios constitucionais do processo subjetivo não podem ser aplicados ao processo objetivo sem uma certa cautela (como relator da medida cautelar, o Min. Celso de Mello afirmou que os princípios processuais a que está submetido o processo constitucional não são os mesmos que regem, por natureza, os processos jurisdicionais);

– esta ação não admite desistência, prevalece o princípio da indisponibilidade da instância;

– não é admitida a intervenção de terceiros concretamente interessados;

– não pode ser proposta ação rescisória da decisão de mérito.

b) *Ação declaratória de constitucionalidade* (ADC) tem por finalidade uniformizar a interpretação quanto à constitucionalidade de lei ou ato normativo federal, em nome da certeza e segurança jurídicas. Trata-se, como a ADIn, de processo objetivo, de tal forma que os legitimados, na condição de requerentes, são titulares da ação apenas para efeito de provocar o STF. Atuam no interesse de preservação da segurança jurídica.

É oportuno, porque suficiente e traduz a posição do STF, considerar o entendimento de Gilmar Ferreira Mendes: "a ação declaratória de constitucionalidade, nada mais é do que uma ação direta de inconstitucionalidade com o sinal trocado. Trata-se, como a ação direta de inconstitucionalidade, de processo objetivo, essencialmente unilateral, não-contraditório, sem partes, no qual há um requerente, mas não há, necessariamente, um requerido."

Observação: A partir da vigência da EC nº 45/2004, também será objeto da Ação Declaratória de Constitucionalidade (ADC), as leis e os atos normativos estaduais.

Bibliografia

ALMEIDA, Fernanda Dias Menezes de. *A Repartição de Competência na Constituição Brasileira de 1988*. 2ª ed. São Paulo: Atlas, 2000.

BANDEIRA DE MELLO, Celso Antonio. *O conteúdo jurídico do princípio da igualdade*.São Paulo: Malheiros, 1995.

BARROSO, Luís Roberto. *O Controle de Constitucionalidade no Direito Brasileiro*. São Paulo: Saraiva, 2004.

——. *O Direito Constitucional e a Efetividade de suas Normas*. São Paulo: Renovar, 2001.

——. *Temas de Direito Constitucional*. 2ª ed. São Paulo: Renovar,2002.

——. A *Nova Interpretação Constitucional*. São Paulo: Renovar, 2003.

BASTOS, Celso Ribeiro. *Hermenêutica e Interpretação Constitucional*. São Paulo: Celso Bastos, 1997.

——. *Lei Complementar – Teoria e Comentários*. São Paulo: Celso Bastos, 1999.

——; MARTINS, Ives Gandra. *Comentários à Constituição do Brasil*. São Paulo: Saraiva, 2004.

BULOS, Uadi Lammêgo. *Constituição Federal Anotada*. São Paulo: Saraiva, 2003.

——. *Manual de Interpretação Constitucional*. São Paulo: Editora Saraiva, 1997.

CLÈVE, Clèmerson Merlin. *A Fiscalização Abstrata de Constitucionalidade no Direito Brasileiro*. São Paulo: RT, 1993.

COELHO, Paulo Magalhães da Costa. *Controle Jurisdicional da Administração Pública*. São Paulo: Saraiva, 2002.

CUSTÓDIO, Antonio Joaquim Ferreira. *Constituição Fedreal Interpretada pelo STF*. 8ª ed. São Paulo: Juarez de Oliveira, 2004.

ESPÍNDOLA, Ruy Samuel. *Conceitos de Princípios Constitucionais*. São Paulo: RT, 2002.

FERREIRA FILHO, Manoel Gonçalves. *Do Processo Legislativo*. São Paulo: Saraiva, 1995

——. *Aspectos do Direito Constitucional Contemporâneo*. São Paulo: Saraiva, 2003.

GOMES CANOTILHO, José Joaquim. *Direito Constitucional*. 6ª ed. Coimbra: Livraria Almedina, 1993.

GRECO FILHO, Vicente. *Tutela constitucional das liberdades*. São Paulo: Saraiva, 1989.

MARTINS, Ives Gandra; MENDES, Gilmar Ferreira. *Controle Concentrado de Constitucionalidade: comentários à lei nº 9868 de 10.11.99*. São Paulo: Saraiva, 2001.

MENDES, Gilmar Ferreira. *Direitos Fundamentais e Controle de Constitucionalidade*. São Paulo: Celso Bastos, 1998.

——. *Jurisdição Constitucional*. 4ª ed. São Paulo: Saraiva, 2004.

MIRANDA, Jorge. *Manual de Direito Constitucional*. 3ª ed. Tomos II e IV. Coimbra: Coimbra Editora, 1988.

MORAES, Alexandre de. *Constituição do Brasil Interpretada e legislação constitucional*. São Paulo: Atlas, 2004.

MOREIRA, José Carlos Barbosa. *Comentários ao Código de Processo Civil*. Vol. V. Rio de Janeiro: Forense, 1998.

NERY JUNIOR, Nelson; NERY, Rosa Maria Andrade. *Código de Processo Civil comentado e legislação processual civil extravagante em vigor*. 4ª ed. São Paulo: RT, 1999.

REALE, Miguel. *Revogação e anulamento do ato administrativo*. Rio de Janeiro: Forense, 1980.

PACHECO, José da Silva. *O Mandado de Segurança e outras Ações Constitucionais Típicas*. 4ª ed. São Paulo, 2002.

SILVA, José Afonso da. *O município na Constituição de 1988*. São Paulo: RT, 1989.

——. *Aplicabilidade das normas constitucionais*. 3ª ed. São Paulo: Malheiros, 1998.

Impressão:
Editora Evangraf
Rua Waldomiro Schapke, 77 - P. Alégre, RS
Fone: (51) 3336.2466 - Fax: (51) 3336.0422
E-mail: evangraf@terra.com.br